Detlef Träbert • „Ist das mein Kind oder Ihres!?"

Detlef Träbert

„Ist das mein Kind oder Ihres!?"

Erziehungsgeschichten
um Kinder von null bis sechs Jahren

Sachbuch

Bibliografische Information der Deutschen Nationalbibliothek
Die Deutsche Bibliothek verzeichnet diese Publikation in der
Deutschen Nationalbibliografie; detaillierte bibliografische Daten
sind im Internet über http://dnb.dnb.de abrufbar.

www.medu-verlag.de

Detlef Träbert
„Ist das mein Kind oder Ihres!?"
Erziehungsgeschichten um Kinder von null bis sechs Jahren
Sachbuch
© 2020 MEDU Verlag
Dreieich bei Frankfurt/M.
Lektorat: Stefanie Konstanze Völker
Covermotive: Josethestoryteller, mohamed_hassan (pixabay.com)
Umschlaggestaltung: im Verlag

Printed in EU

ISBN 978-3-96352-059-4

Inhalt

Vorwort	9
Einleitung	11
Kinder an die Hand nehmen	14
Spielende Kinder und Straßenverkehr	17
Beglücken macht glücklich	20
Beeil dich – wir haben keine Zeit!	24
Dankeschön!	27
Von Sneakern und anderen Wünschen	30
Kinder brauchen Bücher	34
Das kostbarste Geschenk	38
Gute Vorsätze	42
Wenn Kinder Löcher in den Bauch fragen	46
Fantasiereisen gegen Kinderstress	48
Schimpfwörter	50
Komm her – bleib da!	53
Kinder brauchen Langeweile	56
Erziehen mit Stützrädern?	59
Angst vor dem Kläffer	61
Was macht Kinder fit im Kopf?	64
Kinder brauchen Blickkontakt	70
Kinder mit eingebauter Fernsteuerung?	74
Sonne auf Kinderhaut	77
Wenn einer eine Reise tut ...	80
Es weihnachtet sehr	82
Was ist selbstverständlich?	84

Mütter als Animateure?	87
Der tägliche Aufräum-K(r)ampf	91
Das Kind abmelden?	94
„Mach' keinen Blödsinn!"	96
Kinder erfinden die Welt	99
Lernen und Bewegung	102
Nur ein Bonbonpapierchen	105
Kommunikation trotz Medienzeitalter	107
Vom Hinfallen und Aufstehen	110
Zwischen Lust und Vernunft	113
Kinder sind Philosophen	116
Liebhaber	119
Designerkind	121
Frühförderung in Eigenregie	124
Abi 2038?	127
Starke Kinder sagen nein – auch zum Nikolaus	130
Ein guter Vorsatz	133
Mit dem Fahrrädchen gestürzt	136
Eine verschworene Familie	139
In der Autobahn-Raststätte	142
Mit dem Baby sprechen	145
Schnulli aus dem Wagen werfen	147
Im Schwimmbad	149
ADHS – das häufigste Entwicklungsrisiko bei Kindern	152
Wie wir Glückskinder erziehen	158
„Das ist doch gefährlich!"	162
Mats fotografiert	165
Mehr als ein Kind ist zu teuer	168

Auf der Rutsche	171
Zerbrochene Kreide	174
Mit Kindern in der Kirche	177
So a schöne Brezn	179
Kommst du mich besuchen?	181
Vorzeigekind	184
Winterfreuden	187
Rabatt auf elterlichen Alltagsstress	189
Über den Autor	195

Vorwort

Dieses Buch erscheint im Herbst des Jahres 2020 und damit ein halbes Jahr früher als ursprünglich geplant. Die Ursache dafür wird sicherlich jeder Leserin, jedem Leser einleuchten: die Corona-Krise.

Normalerweise habe ich im Frühjahr gar keine Zeit, um ein Buch zu schreiben, denn das ist (neben dem Herbst) die Hauptsaison meiner Vortragstätigkeit. In den Monaten zwischen Karneval und Sommerferien bin ich – abgesehen von Osterferien und Pfingsten – ständig unterwegs, weil ich in ganz Deutschland vor Eltern in Kitas und Schulen auftrete. Zwischen Veranstaltungen, Hotel und Autobahn ist keine Ruhe, um bedachtsam aus einer Idee ein Konzept zu entwickeln und daraus mit aller Sorgfalt einen Text zu formulieren. Doch in diesem Jahr ist alles anders. Seit Mitte März wurden nach und nach sämtliche vereinbarten Veranstaltungstermine vor den Sommerferien abgesagt oder verschoben.

Von diesem Zufall profitieren Sie. So können Sie schon früher meine im Laufe der Zeit zusammengetragenen Geschichten lesen. Einige davon kommen Ihnen möglicherweise aus „Kleine Schubse – große Wirkung" (Dreieich 2011; vergriffen) bekannt vor, doch ich habe alle Texte aktualisiert und wesentlich erweitert. Sie entstammen sämtlich entweder meiner eigenen Erfahrung oder sind von Erlebnissen mir bekannter Menschen inspiriert worden. Dabei ging es mir darum, Sachthemen mit Unterhaltung in einem inhaltlichen Bereich zu verknüpfen, der alle Eltern mit Kindern von vor der Geburt bis zum Schulalter anspricht. Lesen soll schließlich Spaß machen. Das ist die Grundlage, auf der Inhalte pädagogischer Sachtexte am intensivsten be-, nach- und weitergedacht werden.

Der MEDU-Verlag hat die Erziehungsgeschichten mit einer passenden Auswahl wundervoller Fotos bereichert. Überhaupt ist es sehr angenehm, mit einem Verlag zusammenzuarbeiten, der flexibel auf die neue Situation reagiert und meinen Titel im Programm vorgezogen hat. Lektorin Stefanie Konstanze Völker und Verlagschef Stefan Fassel-Wenz gebührt großer Dank für ihr Engagement, mit dem sie aus einem Konzept ein richtig schönes Buch gemacht haben, das man gerne in die Hand nimmt und dann gar nicht mehr weglegen möchte.

Köln, 1. Juli 2020

Detlef Träbert

Einleitung:
„Ist das mein Kind oder Ihres!?"

Ein paar Jahrzehnte ist die folgende kleine Episode schon her. Sie spielte sich in einem Textilkaufhaus ab. Damals standen die Tische mit den mechanischen Registrierkassen noch zwischen den Wühltischen mitten im Raum, sodass die Kunden drumherum anstehen konnten.

Vielleicht vier Jahre war der kleine Steppke alt, den ich dort erlebte. Mir fiel auf, wie ungeduldig und barsch seine Mutter mit ihm umging. Trotzdem stellte er sich neugierig neben die Kasse, als die Verkäuferin den Schein wechseln wollte, den die Mutter ihr für ein Paar Strümpfe gegeben hatte. Er stellte sich auf die Zehenspitzen, um besser sehen zu können, und hielt sich an der Kassenschublade fest. Freundlich sagte die Verkäuferin zu ihm: „Pass auf, dass du dir nicht die Fingerchen klemmst." Sie wollte vorsichtig seine Hand von der Schublade lösen, als die Mutter den Jungen unvermittelt mit einer solchen Heftigkeit von der Kasse wegriss, dass er mit dem Kopf gegen einen benachbarten Wühltisch prallte und hinfiel. In sein Aufheulen hinein schrie sie ihn an: „Ich hab' dir schon tausend Mal gesagt, du sollst dich im Kaufhaus anständig benehmen!"

Ich versuchte, meine spontane Empörung zu unterdrücken und sprach sie betont ruhig an: „Könnten Sie Ihr Kind nicht ein bisschen freundlicher von der Kasse wegholen?" Aber sie war in Rage und blaffte nur zurück: „Ist das mein Kind oder Ihres!?" Sie grapschte der verblüfften Verkäuferin das Wechselgeld aus der Hand und zerrte den weinenden Jungen hinter sich her Richtung Ausgang.

Sicher war es naiv von mir zu erwarten, dass die Mutter auf meine Worte hin einsichtig reagieren würde. Trotzdem hielt ich es damals (wie auch heute noch) für richtig, in einer solchen Situation zu zeigen, dass ich die Misshandlung des Kindes wahrnehme und verurteile. „Mein Kind" ist nämlich nicht mein Besitz, mit dem ich anstellen kann, was ich will. Es ist keine Sache, kein seelenloser Gegenstand, sondern ein Mensch, dessen Gemüt durch seine Bezugspersonen geprägt wird. Ich verurteilte die vermutlich gestresste und überforderte Mutter damals nicht als Person. Aber ihr Verhalten war inakzeptabel und wäre heute sogar strafbar.

Hätten Sie gedacht, dass das elterliche „Züchtigungsrecht", die „Backpfeife" oder die „Tracht Prügel", erst im November des Jahres 2000 aus dem Bürgerlichen Gesetzbuch (BGB) gestrichen und verboten wurde?

„Kinder haben ein Recht auf gewaltfreie Erziehung. Körperliche Bestrafungen, seelische Verletzungen und andere entwürdigende Maßnahmen sind unzulässig."

(§ 1631, Abs. 2 BGB)

Diese kleine Episode war damals also noch nicht strafbar. Aber sie war der Auslöser dafür, dass ich begann, mich ehrenamtlich in Vereinen und Verbänden für das Wohl von Kindern zu engagieren. Sie ließ mich bald darauf das Lehramtsstudium aufnehmen und schon zwei Jahre nach Dienstantritt die Ausbildung zum Beratungslehrer absolvieren, die ich nur wenig später mit dem erziehungswissenschaftlichen Diplom-Studium vertiefte. Ich wünschte mir bereits damals eine kinderfreundlichere Welt, so wie heute noch, und die fängt grundsätzlich und immer bei jedem von uns selbst an.

Kinder an die Hand nehmen

Kürzlich fragte mich in der Diskussion nach einem Vortrag im Kindergarten eine Mutter mit ziemlicher Empörung: „Warum soll ich mein Kind denn an die Hand nehmen?"

Ich gebe zu: Es ist anstrengend, einen quirligen Bengel von fünf Jahren an der Hand zu führen. Falls er auf dem Dorf aufwächst oder in einer Spielstraße wohnt, ist er das ja nicht gewohnt. Und ich finde auch, wir sollten unsere Kinder von klein auf zur Selbstständigkeit erziehen.
    Aber Kinder sind (Gott sei Dank!) Kinder, sind lebenslustig, kreativ und spontan, haben ständig eine neue Idee. Wenn ihnen etwas einfällt, setzen sie es sofort um. Das bringt sie leicht in Gefahr.
    Immer wieder lese ich in der Zeitung von Unfällen, weil ein Kind spontan auf die Straße lief, obwohl seine Mama dabei war. Kinder können sehr einsichtig sein, wenn man sie belehrt. Aber fliegt eine Idee sie an – husch, ist für den Moment alles vergessen! Zumindest im öffentlichen Verkehrsraum, auf Parkplätzen, beim Supermarkt, vor Rolltreppen und automatischen Türen also gehören Kinder unbedingt an die Hand.

Das Zeichen 239 in der Straßenverkehrsordnung kennzeichnet einen Gehweg mit diesem Bildmotiv: Eine gehende Frau hält ein kleines Kind an der Hand. Das Schild schreibt jedoch nur vor, dass Fußgänger den entsprechend gekennzeichneten Weg nutzen müssen und nicht auf der Fahrbahn gehen dürfen. Es verpflichtet nicht dazu, sein Kind an der Hand zu führen. Trotzdem gibt das Bild uns die Empfehlung, genau das zu tun.

Was drückt Hand-in-Hand-Gehen eigentlich aus?
Bei uns Erwachsenen ist es Zeichen eines lebendigen Kontakts. Wir neigen uns dem Anderen zu und zeigen damit *Zu-Neigung*. Wird es an den Händen zu warm, kann man sich übrigens auch an den kleinen Fingern einhaken, wie meine Frau und ich das beim Spaziergang gerne tun.

Wenn Sie Ihr Kind an die Hand nehmen, sagen Sie ihm damit: „Ich mag dich. Ich möchte dich bei mir haben. Ich beschütze dich."

Es ist ein Ritual, so normal und üblich wie der Gute-Nacht-Kuss. Es vermittelt Ihrem Kind Zugehörigkeit und Sicherheit. Sie geben ihm damit Halt, in des Wortsinnes doppelter Bedeutung: Halt als Stütze, damit es nicht hinfällt, und Halt als Stoppaktion, wenn es unvorsichtig losrennen will.

Natürlich kann man sein Kind an geeigneten Stellen auch loslassen, etwa wenn ein Grünstreifen den Bürgersteig von der Fahrbahn trennt oder der Gehweg abseits der Straße verläuft. Schließlich dürfen ihn nur Fußgänger sowie radelnde Kinder bis 10 Jahren nutzen. Aber wenn man dann eine Straße überqueren muss, gilt wieder das Gebot, sein Kind schützend zu führen.

Das Selbstständigkeitsstreben Ihres Kindes und gleichzeitig seine Vernunft werden mit der Zeit wachsen. Sie spüren es, wenn das An-die-Hand-Nehmen nicht mehr passt. Spätestens mit acht, neun Jahren treten die ersten Abgrenzungstendenzen auf, bei sehr vielen auch schon wesentlich früher. Dann ist das Sich-Lösen von der Hand der Eltern einer der symbolischen Akte, mit denen ein Kind sich von seiner Kindheit zu lösen beginnt. Dann ist es auch richtig, denn die eigene Vernunft muss irgendwann die Verhaltenssteuerung übernehmen, um Selbstständigkeit zu ermöglichen. Bis dahin jedoch ist die Vernunft der Eltern gefragt.

Spielende Kinder und Straßenverkehr

In einem meiner seltenen nächtlichen Träume, an die ich mich nach dem Aufwachen noch erinnere, fuhr ich mit dem Auto durch eine Stadt. Auf der Straße spielten Kinder und ließen sich durch mich und andere Fahrzeuge nicht stören.

Also hielt ich an und fragte eine Frau auf dem Bürgersteig, ob sie denn ihr Kind nicht von der gefährlichen Durchgangsstraße nehmen und in Sicherheit bringen wollte. Doch sie giftete mich nur an, dass Kinder ja wohl grundsätzlich Vorfahrt hätten und ich gefälligst aufpassen sollte.

Gut – Träume sind Schäume, weiß der Volksmund. Aber wie war ich nur auf diesen Traum gekommen?

Ich erinnerte mich, dass ich am Vortag mit dem Auto an einem Aufsteller am Fahrbahnrand vorbeigekommen war: „Spielende Kinder – Bitte langsam fahren!"

Jetzt packte mich die Neugier. Ich suchte im Internet unter „Kinderwarnschilder". Welch eine Vielfalt! Da ist der gesehene Aufsteller mit seinen vier Seiten aus orangefarbenem Segeltuch ja noch langweilig. Es gibt lebensgroße Spielfiguren aus Sperrholz mit einem Tempo-30-Zeichen auf dem Oberschenkel. Praktischer wirken freistehende Aufstellfiguren aus Kunststoff, die mit reflektierender Folie versehen sind und sogar eine Fahne in der Hand halten – sie sind nicht zu übersehen. Kunsthandwerker bieten bunte Kinderschilder an, die am Grundstückszaun festgeschraubt werden. Und dann die zahllosen Warnschild-Motive: „Achtung! Spielende Kinder" oder „Freiwillig 30" gibt es mit zig verschiedenen Abbildungen. Manche weisen sogar die Form eines dreieckigen allgemeinen Gefahrzeichens mit rotem Rand auf, haben jedoch noch ein buntes Bild in der Mitte. Ein kickender Junge oder zwei Kinder Hand in Hand wirken durchaus aussagekräftig.

Die Fantasie von Eltern zum Schutz ihrer Kinder scheint grenzenlos. Es gibt nur ein Problem: All diese Schilder und Aufsteller sind weder bindend noch legal. Nur auf privatem Grund und Boden kann niemand etwas gegen sie haben, im öffentlichen Verkehrsraum jedoch werden sie in aller Regel entfernt. Unter Umständen kann der Aufsteller sogar mit einem Bußgeld zwischen 50 und 500 Euro belegt werden. Sollte ein Autofahrer wegen eines derartigen Pseudo-Verkehrsschildes abbremsen und einen Unfall verursachen, ist sogar eine Mithaftung möglich.

Offiziell gibt es nur zwei Verkehrsschilder, die vor Kindern warnen dürfen:

Zeichen 136   Zeichen 325.1

Zeichen 136 heißt amtlich „Kinder" und gehört zu den allgemeinen Gefahrzeichen, die Fahrzeugführer warnen und zur Vorsicht mahnen. Zeichen 325.1 kennzeichnet als „Richtzeichen" den Beginn eines verkehrsberuhigten Bereiches, dessen Ende durch das gleiche Zeichen mit einem roten Diagonalbalken markiert wird. In solch einer Spielstraße dürfen Kinder auf der Fahrbahn aktiv sein und Fußgänger sich dort bewegen, weshalb für Kraftfahrzeuge die Schrittgeschwindigkeit gilt.

Der warnende Aufsteller am Fahrbahnrand, durch den mein Traum ausgelöst worden war, ist sicher gut gemeint. Das gilt auch für die zahllosen sonstigen Kinder-Warnschilder und -zeichen, die man überall auf oder an den Straßen sehen kann. In den allermeisten Fällen ist es für motorisierte Verkehrsteilnehmer selbstverständlich, in ihrer Nähe besondere Vorsicht walten zu lassen. Aber Eltern müssen wissen, dass derlei Zeichen (neben der oben erwähnten möglichen Strafe) keine Verpflichtungswirkung haben und deswegen ignoriert werden dürfen. Möglicherweise erzeugen sie sogar ein falsches Sicherheitsgefühl und können damit drohende Verkehrsgefahren für Kinder noch verstärken. Das will sicherlich niemand.

Beglücken macht glücklich

Von Curt Goetz, dem bekannten Schauspieler und Autor früherer Zeiten, stammt der Satz:

„Nicht, wie glücklich man lebt, ist entscheidend, sondern wie beglückend."

Ich habe gestutzt, als ich diese Worte las. „Glücklich" und „beglückend" haben schließlich den gleichen Wortstamm, doch ihre Bedeutungen sind höchst unterschiedlich. Glücklich kann man selbst sein, aber beglücken kann man nur andere. Im Idealfall ist man glücklich in dem Gefühl, andere beglückt zu haben.

Viele Mütter möchten ihrem Mann und den Kindern Gutes tun und sie glücklich sehen. Ihr Antrieb dazu ist die Liebe. Väter sehen und empfinden das genauso, wenn sie es auch auf andere Art und Weise versuchen. In Familien mit althergebrachter Arbeitsteilung wird die Mama glücklich sein, wenn das Essen auf dem Tisch steht und es allen schmeckt. Der klassische Familienvater mag glücklich darüber sein, dass er genug verdient, um der Familie ein gutes Leben zu ermöglichen. Ein glückliches Leben erfordert den aktiven Einsatz für das Glück seiner Mitmenschen.

Entscheidend dabei scheint mir eine uneigennützige Grundhaltung zu sein. Wenn eine Mutter ihr Baby liebevoll versorgt, es füttert, badet, wickelt, alles für sein Wohlergehen unternimmt und vor allem aufmerksam mit ihm spricht, obwohl es ja noch nicht mit Worten zu antworten vermag, erlebt sie sein Glück in Form von fröhlichem Glucksen, Strampeln und Lachen. Wenn es dem Baby gutgeht, teilt sich uns das auf solch eine Art mit, dass wir gerne mit ihm schmusen, es herzen und liebkosen. Die persönliche Nähe, das Teilen von Aktivitäten und Zeit, die gegenseitigen Blicke in die Augen und das Kommunizieren miteinander sind entscheidend für Glücksgefühle auf beiden Seiten – nicht nur im Umgang mit Babys!

Doch beim Spaziergang mit dem Kinderwagen kann das ganz anders aussehen. Wie viele dieser Gefährte sind schon für die Kleinsten in Blickrichtung nach vorne konstruiert?

Welche Auswirkungen die Blickrichtung im Buggy hat, untersuchte eine Studie der schottischen Universität Dundee. Bei der Beobachtung von 2700 Eltern-Kind-Paaren fand man heraus, dass die Kommunikation intensiver war, wenn sich beide anschauen konnten. Außerdem weinten diese Kinder weniger, lachten häufiger, hatten eine niedrigere Herzfrequenz und schliefen häufiger ein als jene, die mit Blickrichtung nach vorne geschoben wurden.

Wie erst mag das Kleinkind es empfinden, wenn Mama oder Papa nicht hören, weil sie das Headset auf den Ohren haben, Musik konsumieren oder telefonieren? Und wie erst, wenn Eltern auf Inlinern den „Baby-Porsche" in atemberaubendem Tempo durch die Gegend jagen?

Auch wenn die Kinder größer sind, drei, vier oder fünf Jahre alt, und wir mit ihnen spazieren oder zum Einkaufen gehen, brauchen sie uns noch voll und ganz.

Wie wichtig es ist, sie auf öffentlichen Verkehrsflächen möglichst immer an der Hand zu halten, habe ich schon mehrfach an Beinahe-Unfällen auf Parkplätzen vor Supermärkten erlebt. 2016 verunglückten in Deutschland 28.547 Kinder bis 15 Jahren bei Straßenverkehrsunfällen aller Art, davon 66 tödlich. 6.600 erlitten ihren Unfall als Fußgänger. Das sind Zahlen der offiziellen Statistik, in der nur polizeilich erfasste Fälle vorkommen. Wie viele Unfälle vermieden werden könnten, würden wir unsere Kinder draußen konsequent an die Hand nehmen, kann leider keine Statistik zählen. Aber ist nicht jede vermiedene Verletzung Gold wert?

Wir können unsere Aufmerksamkeit nicht teilen. Kein Mensch kann gleichzeitig telefonieren und sich so geduldig wie liebevoll um sein Kind kümmern.

Kinder sind keine Anschaffung wie Handy, Skater oder ein Auto, sondern (im Normalfall) ein Geschenk der Liebe. Darum ist Liebe auch die wichtigste Zutat für ihr gesundes Aufwachsen.

Friedrich II. von Hohenstaufen, im 13. Jahrhundert römisch-deutscher König und später Kaiser, wollte damals die Ursprache von Kindern herausfinden (vgl. auch S. 146). Er nahm sie ihren Müttern weg und übergab sie Ammen, die sie stillen, baden und waschen sollten, aber nicht liebkosen und kein Wort mit ihnen sprechen durften. Das Experiment ging tragisch aus – alle diese Kinder starben.

Zuwendung und Liebe sind eben die Basis fürs Leben, für ein glückliches erst recht.

Beeil dich – wir haben keine Zeit!

Die Hetze im Alltag berührt auch das Zusammenleben mit unseren Kindern. „Jeden Morgen die gleiche Katastrophe!", klagt eine Mutter beim Kindergarten-Elternabend ihr Leid. „Jonas trödelt so lange, bis ich ihn doch ins Auto stecke und herfahre, obwohl ich den Fußmarsch mit ihm gerne genießen würde. Aber ich muss ja pünktlich auf der Arbeit sein."

Eigentlich haben wir die gleichen 24 Stunden pro Tag wie unsere Vorfahren. Wir verfügen sogar über mehr Freizeit als unsere Eltern früher. Aber in dieser Zeit sind mehr Entscheidungen zu treffen. Abläufe sind schneller geworden, Termine drängen sich dichter. Diesen Stress bekommen auch schon die Kinder ab. Jonas und seine Mutter haben morgens Spannung und Druck anstelle eines gemütlichen Frühstücks mit anschließendem Spaziergang.

Wir alle leben in der Gefahr, den Bezug zu unserer eigenen Zeit zu verlieren. Bei Kindern wirkt sich die Fremdbestimmung durch Termine und Hektik besonders drastisch aus. Sie wehren sich mit ihrem Trödeln genau dagegen, dass ihr natürlicher Rhythmus gestört wird. Doch die zeitlichen Zwänge lassen sich nicht aufheben. Auch in zahlreichen Kitas beherrschen sie den Alltag und setzen die Kleinen unter erheblichen Stress. Da gibt es „Bildungsbereiche", in denen gefördert wird, denn bis zum Schulstart sollen alle Kinder klar definierte Lernvoraussetzungen erfüllen. „Ganzheitliche Förderung" beinhaltet körperliche Fähigkeiten genauso wie sprachliche, will künstlerisches Können und Musikalität ebenso anregen wie naturwissenschaftliches Verständnis. Jede Kita muss einen Bildungsplan aufstellen, der die Maßnahmen beschreibt, mit denen die Entwicklung der Kinder in allen Bereichen unterstützt werden soll.

Kita-Kinder ab 3 Jahren (Stand: 1.3.2018)	Wöchentliche Betreuungszeit in Stunden			
	bis 25	>25-35	>35 bis <45	45 und mehr
Ø Ostdeutschland	4,3 %	16,9 %	16,9 %	62,0 %
Ø Westdeutschland	16,4 %	35,1 %	19,7 %	28,8 %
Ø Deutschland insgesamt	12,6 %	29,4 %	18,8 %	39,2 %

Zahlen nach dem Ländermonitor „Frühkindliche Bildungssysteme" der Bertelsmann-Stiftung

62 Prozent der über dreijährigen Kita-Kinder in Ostdeutschland verbringen mehr als 45 Stunden pro Woche im Kindergarten. Im Westen sind es immerhin noch 28,8 Prozent. Mehr als zwei Drittel aller Kita-Kinder müssen sich so lange oder sogar länger in ihrer Einrichtung aufhalten, wie Erwachsene durchschnittlich arbeiten. Das bedeutet für unsere Kleinen einen erheblichen Stress, denn die kindliche Selbstbestimmtheit ist im Kindergarten zwangsläufig eingeschränkt.

Andererseits lernen die Kinder in ihren Einrichtungen etwas, was im Familienalltag heutzutage zu kurz kommt: Struktur. Struktur meint Regeln, die

- das Miteinander möglichst positiv gestalten,
- ein Gleichmaß in den täglichen Abläufen organisieren,
- einen Wechsel von Aktivität und Ruhe erlauben und die
- Bildungsprozesse befördern.

Jonas' Kindheit heute verläuft deutlich anders, als die seiner Eltern verlaufen ist. Darum hilft es seiner Mutter nicht, sich an ihre eigenen Vorschuljahre zu erinnern. Sie kann nur darüber nachdenken, wie sich die heutige Situation entspannter gestalten ließe. Wenn sie ihn zehn Minuten früher weckt als bisher, dürfen alle morgendlichen Verrichtungen ein bisschen länger dauern. Außerdem kann sie den Ablauf als spielerisches Ritual gestalten, das jeden Morgen gleich sein sollte: das Wecken mit ein bisschen Kuscheln verknüpfen, das Waschen mit einem spielerischen „Guten Morgen" für jeden Fuß, jede Hand und das Gesicht, das Frühstück mit „ein Häppchen für Oma, ein Häppchen für Opa" usw. Felix ist noch nicht in der Lage, Verantwortung für den komplexen Ablauf des Morgens zu übernehmen. Er lebt ganz im Hier und Jetzt und folgt seiner eigenen Zeit. Schade eigentlich, dass das nicht geht ...

Dankeschön!

„Manchmal ist es mir richtig peinlich", gesteht Frau R. im Beratungsgespräch. „Niklas kann einfach nicht ‚danke' sagen, wenn es sich gehören würde. Ob ihm die Verkäuferin an der Fleischtheke eine Scheibe Wurst gibt oder die Oma einen Lolli mitbringt, er bedankt sich einfach nicht!"

Keine einfache Situation für Frau R. Die Oma reagiert möglicherweise beleidigt, die Verkäuferin wird sich ihr Teil nur denken. Die Mama jedoch fragt sich, was sie falsch gemacht hat, dass ihr Sohn so ungezogen wirkt. Dabei ist er ansonsten ein goldiger Kerl.

„Thank you for flying with …" – so lautet der Abschiedsgruß nach der Landung im Flugzeug. Auch der ICE-Reisende hört vor dem Aussteigen ein Dankeschön des Zugführers aus dem Bordlautsprecher.

Diese Sitte kommt aus Amerika. Sie drückt nicht nur Geschäftstüchtigkeit, sondern auch ein anderes, von Gleichwertigkeit bestimmtes Menschenbild aus. Wie oft betonen wir Eltern im Gespräch mit anderen, wie viel Freude unser Kind uns macht? Aber kaum jemand sagt dann abends mal zu ihm: „Danke für den schönen Tag, den ich heute mit dir hatte."

Kinder lernen nicht, wie man sich bedankt, indem wir es von ihnen einfordern. Wir alle haben doch schon x-mal beobachten können, wie verlegen ein Kind druckst, wenn wir es dazu auffordern. Unsere Kleinen lernen am besten durch Nachmachen – und dazu müssen wir das vormachen, was sie lernen sollen. Wie wäre es mit einem abendlichen Danke-Ritual? Sie sagen Ihrem

Kind am Bett, wofür sie sich bei ihm heute bedanken wollen: „Danke, dass du so fix im Bett warst." – „Danke für deine Hilfe beim Spülmaschine-Ausräumen." – „Danke, dass du gewartet hast, bis ich Zeit hatte, mit dir zu spielen." Und umgekehrt bedankt sich auch Ihr Kind: „Danke, dass du mir beim Aufräumen geholfen hast." – „Danke, dass wir auf den Spielplatz gegangen sind." – „Danke für den Fahrradausflug."

Das sind alles nur Beispiele. Wichtig ist, dass Sie immer nur einen Dank vormachen, auf den Ihr Kind dann reagiert. Sollte Ihr Kind ein zweites Dankeschön für Sie parat haben, können Sie wiederum nachziehen.

Im hektischen Alltag ist es doch oftmals so: Wir machen Kindern deutlich, dass wir etwas von ihnen erwarten, so wie Frau R. von Niklas: „Ich erwarte von dir, dass du ‚Danke' sagst, wenn die Oma dir was mitbringt." Dabei spürt Niklas nur zu gut, dass damit das persönliche Verhältnis zu seinen Ungunsten festgelegt wird: hier die wohltätig-gebende Oma, dort er als das abhängig-empfangende Kind. Kinder sind zwar noch in der Entwicklung, aber als Menschen doch von Anfang an gleichwertig. Wie wäre es, wenn die Oma sagte: „Danke, dass ich dich besuchen darf." Dann versteht Niklas, dass er auch als Gebender angesehen wird. Und dann wird ihm das Danke sagen leicht fallen, wenn er etwas bekommt. Danke, dass Sie diese Zeilen gelesen haben!

Von Sneakern und anderen Wünschen

„Das geht doch schon im Kindergarten los", stellt eine Mutter in der Diskussion beim Eltern-Workshop fest. „Schon die Kleinen wollen Sneaker einer besonderen Marke, und bei der Einschulung muss es unbedingt der XYZ-Ranzen sein; alle anderen sind uncool."

Was hatten es meine Eltern in den 50er Jahren doch einfach. Kaum Werbung, die uns Kinder erreichte, und außerdem sowieso kein Geld, um alle Wünsche zu erfüllen. Ihr „Nein" war leicht einsehbar, denn aus dem leeren Portemonnaie konnte man nichts kaufen. Trotzdem waren wir natürlich traurig, wenn Wünsche nicht in Erfüllung gingen. Aber wir lernten dadurch die Geduld, unsere Wünsche ausdauernd zu verfolgen. Und wir lernten zu sparen.

Heutige Eltern haben es viel schwerer. Die Werbung treibt Kinderwünsche ins Unermessliche – wer kann schon im Schlaraffenland Diät halten? Was andere haben, muss ich auch besitzen. Und das Geld? „Du hast doch eine EC-Karte", weiß schon die vierjährige Anja. „Die musst du nur in den Automaten stecken, dann kriegst du Geld." Also muss man erklären, argumentieren, pädagogisch begründen. Doch welches Argument sticht, wenn einen Kinderaugen groß anschauen?

Und dennoch: Alle ihre Wünsche zu erfüllen macht Kinder unfähig, Bedürfnisse aufzuschieben. Bedürfnisse aufschieben zu können ist jedoch eine lebenswichtige Fähigkeit. Sie ist bedeutsamer als der Intelligenzquotient, wenn es um den Schulerfolg geht. Sie lässt einen große Ziele zielstrebig verfolgen. Sie stärkt die Leistungsmotivation. „Null Bock" hingegen ist das Markenzeichen der Verwöhnten, die alles haben und alles kriegen und nichts dafür leisten müssen.

Erfolg hat vor allem damit zu tun, etwas zu können. Für Könnerschaft reicht jedoch kein Naturtalent – sie setzt Übung voraus. Um genügend zu üben braucht der Mensch Motivation, auf Deutsch: Anstrengungsbereitschaft. Und die wiederum kann sich nur entwickeln, wenn Anstrengung gefordert und verstärkt wird. Sie wird überwiegend in den ersten drei Lebensjahren aufgebaut, also im Säuglings- und Kleinkindalter, das so ungeheuer prägend auf das ganze Leben wirkt. Die sich in dieser Zeit herausbildenden Eigenschaften bleiben für alle späteren Jahre relativ stabil.

> Leistungsmotivation ist die Verhaltenstendenz, alle Aufgaben, die einem wichtig sind, ausdauernd und mit Energie bis zu einem erfolgreichen Ende zu bearbeiten.

Die Definition macht klar, dass Kinder nicht ständige Ablenkung brauchen, sondern unsere *Gelassenheit*: Wir müssen das Kind tun lassen können, was es gerade beschäftigt – zumindest, so lange es noch Kleinkind ist. Auch im Vorschulalter sollten wir es mit seinem Baukasten bauen lassen, wenn es das intensiv tun mag, und es nicht in den Garten schicken, weil wir meinen, die frische Luft täte ihm jetzt besser.

Und was ist mit den besonderen Sneakern und dem speziellen XYZ-Schulranzen?

Nicht nur die Leistungsmotivation wird in den ersten drei Lebensjahren grundgelegt, sondern auch die Neigung zu Äußerlichkeiten wie speziellen Outfits.

Wer schon Kleinkinder modisch ausstaffiert und darüber jubelt, wie hübsch sie zurechtgemacht sind, legt eine Neigung zu Äußerlichkeiten fest, die sich mit Innerlichkeiten wie Leistungsmotivation nicht verträgt.

Wir müssen nicht allen Trends folgen, die en vogue sind, sondern stets gut überlegen, was wirklich wichtig ist: „Sein" statt „Schein".

Aber wir sollten uns auf jeden Fall immer bemühen, großzügig zu sein und unseren Kindern so viele Wünsche wie möglich zu erfüllen, die mit gemeinsam verbrachter Zeit zu tun haben: ein Spieleabend in der Familie statt Playstation zum Beispiel und Picknick mit Federball statt McDonalds ...

Kinder brauchen Bücher

Erstaunt uns diese Zahl? Wenn ich bei Google „Kinder brauchen Bücher" ohne Anführungszeichen eingebe, werden mir mehr als 25 Mio. Hinweise angezeigt! Kein Wunder: Bruno Bettelheim, berühmter Psychoanalytiker und Kinderpsychologe, hat schon vor fast 40 Jahren ein Buch unter diesem Titel veröffentlicht, und der Bremer Literaturdidaktiker Jochen Hering schrieb „Kinder brauchen Bilderbücher". Natürlich brauchen Kinder in unserer modernen Welt von klein auf Bücher, und das nicht nur, um später in der Schule und danach im Berufsleben gut mithalten zu können.

„Mama, Buch", sagt der eineinhalbjährige Max zu seiner Mutter. Doch die hat gerade keine Zeit vorzulesen, weil sie im Home-Office unter Stress steht, und schaltet ihm stattdessen einen Kleinkinderfilm auf kindertube.de ein. Auch für das Lesebedürfnis des Dreijährigen reicht ihr Zeitbudget nicht, weil die Küche noch aufgeräumt werden muss, aber für seine Altersgruppe gibt es ja bereits etliche Kinderserien auf Netflix. Und mit vier, fünf Jahren können die meisten Kleinen schon selbstständig mit der TV-Fernbedienung umgehen oder sich mit Mamas Smartphone beschäftigen. Die permanente und überall verfügbare Möglichkeit, elektronische Medien zu nutzen, wird von zahllosen Menschen als segensreich empfunden, doch für unsere Kinder ist das ein höchst schädlicher Zugang zur Welt.

Kinderärzte stellen fest, dass zu intensive Mediennutzung bei unseren Kleinen verstärkt motorische Unruhe hervorruft, ihre Konzentrationsfähigkeit beeinträchtigt und Schlafstörungen provoziert. Außerdem gilt die starke Zunahme von Kurzsichtigkeit in der heutigen Kindergeneration als eine Folge von Bildschirmmedien im Kleinkindalter.

Die BZgA (Bundeszentrale für gesundheitliche Aufklärung) empfiehlt deswegen, mit Kindern ab etwa sechs Monaten regelmäßig Bilderbücher anzuschauen und vorzulesen, aber in den ersten drei Lebensjahren auf Bildschirmmedien ganz zu verzichten. Hörmedien gelten bis maximal 30 Minuten pro Tag als unbedenklich, von drei bis sechs Jahren dürfen es auch 45 Minuten sein. In diesem Alter sollten alle Bildschirmmedien zusammen höchstens 30 Minuten am Tag beanspruchen.

Bücher sind ein wirklich wichtiges, unverzichtbares Mittel, um Kindern den Zugang zur Welt zu vermitteln. Das zeigt die „Stavanger Erklärung" von mehr als 130 Leseforschern aus ganz Europa, die 2019 veröffentlicht wurde. Einerseits kann man Sachinformationen besser verarbeiten, die man auf Papier liest, weil man beim digitalen Lesen oberflächlicher wahrnimmt. Andererseits spielt diese Überlegenheit bei geübten Lesern keine Rolle, sofern es nur um Unterhaltungsliteratur geht.

Doch das gilt nicht für die weniger geübten Kinder. Sie erinnern sich leichter an den Inhalt, wenn sie sich daran erinnern, wo im Buch etwas stand. Außerdem hilft das Gewicht des Buches beim Halten in den Händen, den eigenen Lesefortschritt zu spüren: Wie viele gelesene Seiten halte ich in der linken Hand, wie viele noch ungelesene in der rechten? Und schließlich wirkt die Gestalt des Buches ähnlich wie die eines Kuscheltieres, denn Größe, Gewicht, Schriften und die farbige Umschlaggestaltung sprechen emotional mehr oder weniger an.

Der Umgang mit Büchern von klein auf ist also sehr nützlich, denn auch in der Zukunft werden wir unsere Bildung nicht ohne Lesen bewerkstelligen können.

Aber was hilft diese Einsicht unserer gestressten Mama, die ihren Kleinkindern aus Zeitnot Bildschirmmedien anbietet? Vielleicht führt sie sie zur Erkenntnis, dass es unverzichtbar ist, Kinder mit Büchern in Kontakt zu bringen. Wie man das zeitlich organisiert, kann in jeder Familie anders aussehen.

Beginnen kann man beim Baby mit Plastikbüchern, die einzelne Gegenstände oder Tiere auf ihren Seiten zeigen. Liederbücher mit bunten Bildern lassen die Kleinen ein Lied mit Hilfe des zugehörigen Bildes wiedererkennen. Wimmelbücher geben Gelegenheit zum Entdecken von kleinsten Details und zum Sprechen darüber. Reimbücher vermitteln Freude an der Sprache, und Bilderbücher mit Text lassen Kinder ganze Geschichten wiedererkennen und üben das Erzählen.

Manch ein Kind hat so viel Spaß an Büchern, dass es sogar schon vor Schuleintritt lesen kann, obwohl ihm das niemand systematisch beigebracht hat.

Lesen ist einfach der Schlüssel zur Welt – und Bücher sind das Schlüsselloch, das Kindern von Anfang an gezeigt werden sollte.

Das kostbarste Geschenk

Die Vorfreude auf das Weihnachtsfest steigt in diesen Tagen bei unseren Kindern ins schier Unermessliche. „Ich weiß schon, was ich kriege", verrät mir Emilia und grinst dabei schelmisch. Ihr Bruder Vincent weiß es nicht so genau, aber er hat in mehreren dicken Spielzeugkatalogen vorsichtshalber jede Menge Artikel angekreuzt.

Bei der Bescherung wird es mit Sicherheit rote Backen und heiße Köpfe vor Aufregung geben. Die vielen neuen Sachen müssen sofort begutachtet und ausprobiert werden. Aber sind diese Geschenke wirklich das, was Kinder brauchen? Haben sie nicht ohnehin schon so viel Spielzeug, dass sie es weder allein aufräumen können noch den vollständigen Überblick über ihre Besitztümer haben?

Was brauchen Kinder? Viele bekommen Fernsehen statt Zuwendung, Süßigkeiten statt Zärtlichkeit und Spielsachen statt eines Mitspielers. Ihre Suche nach Erfüllung der grundlegenden Bedürfnisse wird mit Ersatzbefriedigungen beantwortet.

Ersatzbefriedigungen sind die meisten Spielsachen heutzutage, denn was Kinder für ihre Entwicklung brauchen, ist nicht viel. Das kann man sehr gut an ihrer Ausstattung bei Naturvölkern ablesen. Mädchen spielten bei Prärieindianern mit Puppen und hatten kleine Körbe und Töpfe zur Verfügung, so dass sie die Rolle der Mama imitieren konnten. Die Jungs dagegen bekamen von ihren Vätern kleine Bogen und Pfeile oder sogar Spiel-Kriegsbeile, um die Männerrolle einzuüben. Daneben gab es Gesellschaftsspiele mit Würfeln und Stäben aus Knochen, die Erwachsene und Kinder vor allem im Winter nutzten. Die Indianermädchen kannten auch schon Schnur-Fingerspiele, wie sie heute bei uns noch gebräuchlich sind. Die Jungs spielten eher körperbetont. Und wenn im Winter Seen zugefroren waren, spielten sie gerne mit Kreiseln und Peitschen auf dem Eis, ähnlich dem Eisstockschießen. An den Indianerspielen kann man sehr gut ablesen, wie kreativ und fantasievoll Menschen sein können, die nicht viel besitzen.

Und bei uns? Da bekommen Babys beispielsweise Blink- und Quietsch-Igelbälle oder einen Baby-Fernseher mit Musik und bewegten Bildern („empfohlen" ab sechs Monaten). Die Kinder wenden sich solchen Dingen natürlich sehr gerne zu, weil sie reizvoll sind. Aber sie bieten mehr Reize, als Babys verarbeiten können. So wird schon ganz früh die Grundlage für spätere Konzentrationsprobleme geschaffen.

Deswegen wäre es besser, die Kleinen mit einer Hammer- oder der Sortierbox zu beschäftigen oder sie mit einem Hampelmann spielen zu lassen, der Arme und Beine bewegt, wenn man an der Schnur zieht. Ein Steh-Auf-Männchen ist toll und der Oball (ein ballrundes Gitter aus Kunststoffringen, sehr gut greifbar) wird über Jahre gerne benutzt. Das alles lässt die Kinder Ursache und Wirkung erfahren. Auch kleine Unfälle sind wichtige Erfahrungen, etwa das Einklemmen der Finger beim Schließen einer Schublade. Sie lassen früh die Einsicht reifen, das alles Folgen hat, was man tut, und können helfen zu verhindern, später größere Unfälle zu erleiden.

Im Vorschul- genau wie im Schulalter brauchen Kinder kein Zimmer, das vollgestopft ist mit allen möglichen Spielsachen. Wer zu viel besitzt, lernt nicht, Prioritäten zu setzen und sich für oder gegen etwas zu entscheiden. Sich vertieft auf ein Spiel einzulassen, setzt voraus, nicht ständig abgelenkt zu sein. Derlei Vertiefungserfahrungen, in der Psychologie als „Flow" beschrieben, sind in der Schule wie auch später in der Arbeitswelt Voraussetzung für vertieftes, intensives Arbeiten. Wer jedoch von zahllosen Reizen ständig abgelenkt wird, kann keine Konzentration entwickeln.

Deswegen ist das kostbarste Geschenk, das wir unseren Kindern machen können, Zeit. Wir sollten sie das ganze Jahr über verschenken: Zeit zum Reden, zum Spielen, zum Kuscheln, zum gemeinsamen Lesen und – warum nicht – ab und zu auch zum gemeinsamen Fernsehen. Vielleicht legen Sie zu all den Spielsachen noch einen ganz besonderen Gutschein unter den Weihnachtsbaum: „30 Minuten für dich und mich zusammen." Wenn das Kind ihn bei Mutti oder Vati für ein gemeinsames Spiel eingelöst hat, können die ihn bei nächster Gelegenheit wieder bei ihm einlösen, um es beispielsweise zu einem Spaziergang einzuladen. So könnte er hin- und herwandern und zu mehr gemeinsam verbrachter Zeit führen. Wann fangen Sie mit dem Einlösen an?

Gute Vorsätze

„Im neuen Jahr möchte ich in Bezug auf mein Kind gerne alles besser machen!" Frau F. sitzt mir im Beratungszimmer gegenüber und schaut mich an, als ob sie nur auf meine begeisterte Bestätigung warte. „Was meinen Sie mit ‚alles besser'?", frage ich zurück. „Na ja", meint sie, „ich will Claudio (Name geändert) ein besseres Vorbild sein."

Es ist richtig: Kinder nehmen uns Erwachsene, in erster Linie ihre Eltern, als Vorbild. Sie beobachten uns genau, ahmen uns nach und übernehmen unsere Einstellungen und Haltungen. Also brauchen sie unser möglichst gutes Vorbild. Und es ist auch durchaus anerkennenswert, wenn eine Mutter wie Frau F. sich vornimmt, ihrem Sohn ein gutes Vorbild zu sein.

Aber ich bin skeptisch, wenn sie „alles besser machen" will. Gute Vorsätze zum neuen Jahr haben ja eine lange Tradition. Doch die Erfahrung lehrt, dass nur wenige Prozent von ihnen in die Tat umgesetzt werden. Je allgemeiner ein Vorsatz formuliert wird, desto geringer ist die Chance aufs Gelingen. Ein besseres Vorbild zu sein ist ein extrem allgemeines Ziel. Vorbild ist ja nicht das Bild eines perfekten Menschen, das die Mutter vor sich herträgt und wortreich immer wieder beschwört. Vorbild ist das Bild, das das Kind sich in einer bestimmten Situation von ihr vorstellt, wenn es sich fragt: „Was würde Mama jetzt tun?" Frau F. versteht und ist erleichtert. „Ja", sagt sie, „ich habe die besten Absichten, aber ich weiß ja, dass ich nicht perfekt bin."

Was könnte ihr dann helfen, sich als Vorbild zu verbessern? Das sollte mit simplen Kleinigkeiten beginnen. Öfter loben

zum Beispiel. Wer anfängt, darauf zu achten, wann sein Kind etwas gut oder richtig macht, findet genügend Situationen, in denen ein Lob angebracht ist. Viel zu viele positive Verhaltensweisen werden übersehen, weil man sie als selbstverständlich erwartet. Doch was sich von selbst versteht, müssen Kinder ja erst lernen. Aber bitte nicht loben, weil das Kind so süß guckt oder sich gerade den Lutschdaumen in den Mund schiebt! Es geht um das häufige Verstärken von erledigten Pflichten oder Versuchen dazu, um Essverhalten, Höflichkeit im Umgang mit anderen oder Rücksichtnahme.

„Mehr Zuwendung" ist oftmals ein schwieriger Vorsatz, weil er nicht nur Zeit erfordert, die oft genug knapp ist, sondern gleichzeitig die Bereitschaft des Kindes, sich genau jetzt auf Mama oder Papa einzulassen, obwohl es vielleicht gerade lieber mit LEGO bauen würde. Viel sinnvoller wäre es, eine Stunde im Monat mit dem Kind gemeinsam zu vereinbaren, in der man etwas mit ihm unternimmt, was es gerne tut: eine kleine Radtour zum Beispiel oder bei schlechtem Wetter ein Gesellschaftsspiel miteinander spielen, zusammen Würstchen grillen und essen, sich in einem altersgemäßen Computerspiel miteinander messen.

Wenn es perfekte Eltern gäbe – ihre Kinder würden sie dafür hassen. Frau F. nimmt sich nun vor, jeden Abend beim Gute-Nacht-Ritual mit Claudio darüber zu reden, was sie beide am Tag gut gemacht haben und was sie hätten besser machen können. Ein ganz konkreter guter Vorsatz – ich bin zuversichtlich, dass Frau F. dessen Verwirklichung gelingen wird.

Wenn Kinder Löcher in den Bauch fragen

„Oh Gott, ist das anstrengend", stöhnt eine Mutter in der Diskussion nach meinem Vortrag im Kindergarten. „Timmy fragt mich seit ein paar Wochen ständig warum, wieso, weshalb. Ich glaube, ich kriege bald wirklich Löcher im Bauch!" Die anderen Eltern lachen verständnisvoll. Wer ein Kind hat, weiß, dass das zweite Fragealter etwa zwischen drei und vier Jahren unausweichlich und für die Entwicklung eines Kindes ganz normal ist. Es ist sogar notwendig für Fortschritte in der Sprachbeherrschung, denn in dieser Phase werden Wortschatz, Grammatik und Satzbau erweitert.

Trotzdem ist es manchmal schwierig auszuhalten. Zum einen ist die Fragehäufigkeit enorm und stellt hohe Ansprüche an die Zuwendungsbereitschaft der Eltern. Zum anderen kennen Kinder keine Tabus, was gelegentlich zu peinlichen Situationen führt. Wenn Timmy laut in der Straßenbahn herausposaunt: „Warum ist der Mann da so dick?", wird das viele Umstehende zum Lachen bringen, aber wahrscheinlich nicht seine Mutter.

Dass Kinder so tabulos sind, ist eigentlich eine Stärke. „Kinder und Narren sagen die Wahrheit", weiß der Volksmund. Ihre Ungeniertheit bringt uns zwar gelegentlich in Teufels Küche, ist aber auch stets eine gute Gelegenheit, ihnen zu erklären, dass andere Menschen solche Fragen nicht gerne hören. Fremde verstehen sie als unangenehm, unangemessen und vielleicht taktlos, selbst wenn ein Kleinkind das gar nicht so meint. Das zu lernen dauert seine Zeit.

Gleichzeitig verschaffen sich unsere kleinen Fragemonster damit aber auch Aufmerksamkeit und Zuwendung. Die brauchen sie in diesem Alter noch sehr stark und immer wieder, weswegen wir sie möglichst nicht einfach zurückweisen sollten.

Timmys Mutter muss also in der Straßenbahn keine langen Vorträge über falsche Ernährung oder mögliche Krankheiten halten. Wenn sie eine einfache Antwort parat hat, sollte sie die sagen. Ein „Das weiß ich nicht" wäre gleichfalls völlig in Ordnung, wenn es nicht zur täglichen Standardantwort wird. Am spannendsten ist es jedoch stets, wenn man zurückfragt: „Was denkst du denn?" oder: „Was meinst du damit?" Kinder sind schon in diesem Alter erstaunliche Philosophen. So gelingt es meistens, endlose Warum-Frageketten zu unterbrechen. Allerdings muss man dann auch die Geduld haben, das Gespräch mit seinem Kind zu führen. Versuchen Sie jedoch bitte nicht, mit wissenschaftlicher Wahrheit gegen die Vorstellungen des Kleinen zu argumentieren. Die wird es im Laufe der Zeit auch ohne Belehrungen überwinden. Aber nutzen Sie ruhig die Chance, in eine unverdorbene und fantasievolle Gedankenwelt einzutauchen und daran teilzunehmen, wie ein Menschenkind sich sein Weltbild aufbaut.

Fantasiereisen gegen Kinderstress

„Können Sie mir gute Fantasiereisen für Kinder empfehlen?", fragt mich eine Mutter in der Diskussion nach meinem Vortrag über Konzentrationsförderung.

In der Tat sind Fantasiereisen etwas sehr Nützliches. Sie helfen Kindern wie auch Erwachsenen zu entspannen. Das ist angesichts des Stresses, dem wir alle heutzutage ausgesetzt sind, sehr wertvoll. Im Fachhandel wird man Ihnen sicherlich u. a. Else Müller empfehlen, die Übungen aus dem Autogenen Training in ihre märchenhaften Texte integriert. Vielleicht weist man Sie auch auf „Stecki 401" von Hassan Refay hin. In seinen Abenteuergeschichten für Kinder fließen spielerisch Mutmach-Sprüche sowie Konzentrations- und Entspannungsübungen in die Handlung ein. Auch die Fantasiereisen von Volker Friebel und noch von vielen anderen sind ausgezeichnet – Sie merken schon: Es ist ein großer Markt für Produkte entstanden, die uns und unseren Kindern Entspannung bringen sollen. Aber wir Erwachsenen sind es, die diese Welt gestalten. Wir erzeugen selbst den Stress und könnten wenigstens einen Teil davon selbst reduzieren!

Wie sieht es zum Beispiel mit dem Erwartungsdruck in Bezug auf die Zukunft unseres Kindes aus? Unsere Zukunftssorgen machen ihm Druck, Druck macht Angst und „Angst macht dumm", wie der Volksmund weiß.

Oder bringen wir nicht selbst oft genug unser Kind in Hektik und Zeitnot, weil wir ihm alles bieten wollen?

Hegen wir vielleicht zu hohe Erwartungen an uns selbst, weil wir glauben, perfekt sein zu müssen?

Sind wir immer wieder einmal überfordert, weil wir gelegentlich in die Multitasking-Falle laufen?

Schalten wir einen Gang zurück! Können wir unserem Kind nicht auch ohne Fantasiereise guttun? Wie wäre es mit ein paar Kuschelminuten, ganz gemütlich auf dem Sofa. Schöne Musik dazu darf sein, muss aber nicht.

Wie wäre es mit einer Vorlesegeschichte, gemütlich in einer eigens dafür eingerichteten Vorlese-Höhle? Die kann man leicht mit einer Decke improvisieren. Dadurch werden Ablenkungen reduziert und Ihr Kind spürt Ihre Anwesenheit wie auch die emotionale Wirkung des Textes viel intensiver als sonst. So kann es mit Jim Knopf in der Lokomotive Emma durch die Wüste fahren oder mit der kleinen Hexe auf ihrem Besen durch die Luft fliegen.

Wenn Sie dann immer noch meinen, Ihr Kind brauche Fantasiereisen, dann können Sie gerne in der Buchhandlung oder zur Not auch im Internet danach stöbern.

Schimpfwörter

Yannick R. ist fast vier Jahre alt. Er geht jetzt in den Kindergarten. Seine Mama erzählt mir, dass dort eigentlich die Sprachförderung ganz großgeschrieben wird. Aber im Augenblick ist sie eher verzweifelt, denn seit Yannick den Kindergarten besucht, wartet er zu Hause mit Schimpfwörtern auf, bei denen seine Eltern rot werden.

Als Frau R. mir das erzählt, fällt mir ein, dass meine Mutter mir als Kind eine Zeit lang immer einen Groschen anbot, wenn ich ein neues Schimpfwort unterlassen würde. Doch lange hat sie das nicht durchgehalten, denn Schimpfwörter fanden sich zu reichlich ...

Für kleine Kinder haben Schimpfwörter vor allem dadurch einen großen Reiz, dass sie andere Kinder und natürlich auch Erwachsene so herrlich provozieren können. Ältere jedoch wollen gelegentlich ganz bewusst beleidigen und verletzen; sie setzen Schimpfwörter als verbale Waffe ein. Damit ist die Verwendung von Ausdrücken nichts anderes als verbale Gewalt. Hier sind wir Erwachsenen gefragt: Null Toleranz für Gewalt! Einer ersten Ermahnung sollten im Wiederholungsfall grundsätzlich die gelbe und dann die rote Karte folgen, zusammen mit einer Konsequenz, die schon vorab bekannt sein muss.

Im Kindergartenalter allerdings wissen die Kleinen in aller Regel noch gar nicht, was sie da sagen. Sie freuen sich nur über die tolle Wirkung solcher Ausdrücke. Je mehr wir uns aufregen, desto mehr verstärken wir ihre Tendenz zu Verbalprovokationen. Deswegen ist es viel hilfreicher, ganz in Ruhe mit ihnen zu sprechen und sie kindgerecht sowie altersgemäß über die Bedeutung ihrer Ausdrücke aufzuklären: Was bedeutet das Wort eigentlich? Und bitte keine Scheu vor der Entlarvung solch ordinärer Begriffe wie beispielsweise „Arschgeige"! Unsere Kinder sind durch die Medien eine Menge gewöhnt. Wenn wir als Eltern jedoch sprachlos bleiben und nicht aufzeigen, wie entwürdigend und demütigend solche Wörter wirken, können wir keine Einsicht erwarten.

Einsicht erzeugen wir übrigens auch nicht, wenn wir einfach einen Ausdruck verbieten und mit dem Kind deswegen schimpfen. Im Gegenteil – kleine Kinder empfinden nur noch größeren Spaß, wenn wir geschockt reagieren. Warum ist das so? Weil heftige Reaktionen zeigen, dass man mit solchen Worten starke Wirkungen auslösen kann. Wer noch klein und schwach ist, freut sich, wenn er sogar „die Großen" zum Platzen bringt.

> *Fritzchen darf mit seinem Papa im Auto mitfahren.*
> *Als sie heimkommen, fragt die Mama: „Na, wie war es?"*
> *Fritzchen erzählt begeistert: „Ganz toll! Wir haben zwei Hornochsen, einen Knallkopp, sechs Armleuchter und einen Vollidioten überholt ..."*

Außerdem sind es oft genug wir Erwachsenen selbst, die unseren Kindern ein schlechtes Vorbild bieten. Wie der vorstehende Kinderwitz zeigt, verwenden auch Mütter und Väter gelegentlich Ausdrücke, die nicht salonfähig sind. Kinder kriegen alles mit, da hilft nur Selbstbeherrschung. Und ansonsten? Am besten ist es, die provozierenden Ausdrücke (zumindest zunächst) zu ignorieren. Wenn man einfach über sie hinweggeht, verlieren sie am schnellsten ihren Reiz. In einer ruhigen Situation, etwa abends beim Gute-Nacht-Sagen, kann man noch einmal darauf zurückkommen und den Kleinen erklären, dass dieser oder jener Ausdruck wirklich schlimm ist und andere Menschen sehr verletzen kann, so wie er einem selbst ja auch weh tut.

Eine „schwarze Liste" von Ausdrücken kann helfen, akzeptable verbale Äußerungen aus Wut und Ärger von nicht akzeptablen zu unterscheiden. Dann müssen aber auch wir uns an diese Liste halten. Machen Sie ruhig einmal die Nagelprobe, etwa bei der nächsten Autofahrt durch dichten Stadtverkehr. Ganz schön schwierig, oder?

Komm her – bleib da!

Beim Spaziergang am Strand fällt mir ein viel zu schick gekleidetes Ehepaar mit Kind auf, das dort am Rand zum Wasser bummelt. Die Kleine mag vier Jahre alt sein. Sie trägt einen bunten, wasserdichten Overall und Gummistiefel, ist also sehr zweckmäßig gekleidet für diese Situation.

Zwischendurch bleibt sie zurück und gräbt mit den Händen in Sand und Schlamm, wo es jede Menge zu finden und zu entdecken gibt: kleine Krebse, Muscheln, Algen. Die Eltern sind ins Gespräch vertieft. Als die Mutter sich umdreht und den kleinen Abstand bemerkt, zögert sie kurz. Dann breitet sie die Arme aus und ruft: „Amelie, komm zu Mama, aber ohne Sand an den Händen!" Die Kleine schaut kurz, hält dann eine Muschel hoch und ruft: „Guck mal!"

Warum gehorcht das Mädchen nicht einfach?

Die Aufforderung der Mutter an ihr Kind enthält eine in sich widersprüchliche Botschaft. Sie fordert ihr Kind einerseits auf, zu ihr zu kommen, will aber gleichzeitig, dass es nicht so zu ihr kommt, wie es ist. Es soll keinen Schmutz mitbringen, obwohl es doch gerade im Schlamm spielt.

Wie soll Amelie dieser gegensätzlichen Aufforderung gerecht werden? Sie will gehorsam sein, ist es aber weder, wenn sie jetzt einfach zur Mama läuft, denn ohne kräftiges Schrubben werden ihre Hände nicht sauber, noch, wenn sie da bleibt, wo sie ist. Sie befindet sich also in einer regelrechten Zwickmühle.

So bleibt ihr gar nichts anderes übrig, als so zu tun, als habe sie gerade etwas ganz Besonderes entdeckt.

Amelie vollführt eine „Übersprungshandlung". So nennt man in der Verhaltensforschung eine Verhaltensweise, die aus einer Konfliktsituation zwischen zwei möglichen Handlungen entsteht. Auf den ersten Blick wirkt sie sinnlos, aber ein Effekt ist auf jeden Fall, dass Zeit gewonnen wird.

Auf dem Hühnerhof beispielsweise kann man immer wieder Hähne beobachten, die sich gegenüberstehen und zwischen Flucht vor- oder Kampf miteinander schwanken – und dann anfangen, auf dem Boden zu picken, ohne dass Körner da wären.

Ähnliches tun wir, wenn wir eine schwierige Rechenaufgabe lösen sollen und uns nicht sicher sind, ob das so oder so geht – wir kratzen uns am Kopf. Hilft das beim Rechnen? Sicher nicht. Oder doch? Es lässt uns Zeit gewinnen. Ich zwirbele beispielsweise gerne meinen Bart beim Nachdenken oder knicke Ecken in die Zeitung.

Amelies Mutter ist die Widersprüchlichkeit ihrer Aufforderung mit Sicherheit nicht bewusst. Sie wollte wohl einfach verhindern, Stranddreck an ihre schöne Kleidung zu kriegen. Sie hat dem Kind unbewusst mitgeteilt: „Ich will dich, aber nicht so, wie du bist." Kinder brauchen jedoch bedingungslose Liebe, denn anders können sie kein Vertrauen entwickeln. Und außerdem: Was ist schon ein Strandspaziergang ohne Sand in den Klamotten?

Kinder brauchen Langeweile

„Ständig fragt Alex mich, was er spielen soll. Aber ganz gleich, was ich ihm auch vorschlage, es ist nie recht. Was kann ich nur gegen seine Langeweile tun? Ich habe einfach nicht die Zeit, um ständig mit ihm zu spielen." Die Fragestellerin nach meinem Vortrag ist wirklich ratlos und möchte ganz offensichtlich gerne eine gute Mutter sein.

Wie war das eigentlich zu unserer eigenen Kinderzeit? Meine Eltern hatten wenig Zeit für uns. Der Haushalt war noch nicht durchautomatisiert wie heute und die Arbeitszeiten waren länger. Wir waren jedoch sechs Geschwister, die sich viel miteinander beschäftigen konnten. Draußen auf der Straße gab es zudem meistens noch andere, mit denen immer Spaß möglich war. Und wenn wir wirklich nichts zu tun hatten, gab es niemanden, den wir damit nerven konnten. Also hatten wir irgendwann selbst wieder eine Aktivität beim Wickel.

Genau das ist der Punkt: Kein Kind stirbt vor Langeweile! Schließlich ist sie nichts anderes als der (noch) unerfüllte Wunsch nach einer interessanten Aktivität. Sie ist der Grund dafür, dass wir nach etwas Neuem suchen. Jedes Kind findet irgendwann eine Beschäftigung, wenn man es nur suchen lässt. Die Langeweile ist sogar eine sehr wichtige, nützliche und hilfreiche Erfahrung: Wer sie selbst überwindet, kann die Kreativität entwickeln, mit sich selbst auszukommen. Langeweile fordert die Fantasie heraus und ist damit ein extrem wichtiger Baustein für unsere Intelligenz.

Deswegen ist es gar keine besonders gute Idee, sich immer dann zum Kind zu gesellen und mit ihm zu spielen, wenn es gerade Langeweile hat. Das führt auf Dauer nämlich dazu, dass es sich abgewöhnt, nach eigenen Ideen zu suchen. Wozu braucht es Fantasie, wenn Mama jederzeit verfügbar ist und auf Kommando Alleinunterhalterin spielt? Viel besser wäre es beispielsweise, eine Langeweile-Kiste anzulegen, in die man Dinge sammelt, die nicht wirklich gebraucht werden: ein paar Kastanien, eine Murmel, Gummiringe, Holzstäbchen, Steinchen und so weiter. Die kann man seinem Kind geben, wenn es jammert. Es wird eine Weile darin kramen und mit Sicherheit über kurz oder lang eine kreative Beschäftigung finden.

Übrigens: Als Baby sind Kinder selbstverständlich noch nicht zu selbstständigem Spielen in der Lage. Aber auch Babys lernen schon, denn der Mensch ist von Geburt an darauf programmiert. Sie sind neugierig und entdeckungslustig, sie probieren alles aus, was wir zulassen. Sie brauchen lediglich eine sichere Umgebung dafür und Ruhe. Spielend und entdeckend bilden sie permanent neue Synapsen in ihrem Gehirn aus. Je mehr Eigenaktivität ihnen möglich ist, desto differenzierter entwickeln sie es: Selbst tun macht tüchtig, selbst denken macht schlau. Je kreativer unsere Kleinen mit einer überschaubaren Menge von Materialien umgehen können, desto intelligenter werden sie.

Aber Kinder mögen es nicht, wenn man sie mit ihrer Klage über Langeweile nur zurückweist. Wenn Alex' Mutter also einfach sagte: „Das ist dein Problem", dann wäre das weder taktvoll noch hilfreich. Alex würde vermutlich wütend werden und hätte damit sicher nicht Unrecht. Aber sie könnte ja auch in verständnisvollem Ton äußern: „Gell, das ist ein blödes Gefühl, wenn man nicht weiß, was man machen soll. Ich mag auch keine Langeweile." Alex würde damit erleben, dass seine Mutter ihn versteht und sein Problem ebenso wahr wie ernst nimmt. Aber es würde ihm das Problem lassen – und eben genau das macht Kinder stärker.

Erziehen mit Stützrädern?

In meinem Wohnviertel, in dem viele Familien mit Kindern leben, kann man wunderbar beobachten, wie die Kleinen lernen, Fahrrad zu fahren. Noch immer greifen Eltern dabei gerne auf jene Fahrzeuge zurück, an denen Stützräder montiert sind, die man später abschrauben kann.

„Das ist doch die sicherste Methode", glauben Bekannte aus der Nachbarschaft. „So kann Sofia beim Üben nicht umkippen. Wenn sie sicher treten und lenken kann, entfernen wir die Stützräder, und sie hat noch was von ihrem Rädchen, bis sie in die Schule kommt."

Verkehrserziehungsexperten raten schon lange von diesem Muster ab. So warnt etwa der adfc (Allgemeiner Deutscher Fahrrad-Club), dass Kinder sich auf solche Weise eine falsche Kurvenfahrhaltung angewöhnen, weil sie ihr Gewicht nach außen statt nach innen verlagern. Zudem sind Bordsteinkanten oder Schlaglöcher für Stützräder besonders gefährlich, denn sie können zum Umkippen führen. Auch unkontrolliertes Rückwärtsrollen ist möglich und hat schon zahlreiche Unfälle verursacht.

Zuerst müssen die Kleinen Sicherheit in Bezug auf das Gleichgewicht entwickeln. Dazu ist ein Laufrad ideal und ab einem Alter von ungefähr zwei Jahren geeignet. Voraussetzung beim Kind ist, dass es sicher laufen und stehen kann. Vor allem sollte die normale Schrittlänge mindestens zwei Zentimeter mehr betragen als die Sattelhöhe. Kleinere Kinder haben viel mehr von einem der zahlreichen Rutscher-Modelle, die es auch mit Schiebegriff für die Eltern gibt. Eltern sollten sich auch nicht wundern, wenn ihr Kind sein Laufrad anfangs nur schiebt. Kinder haben ein angeborenes Sicherheitsbedürfnis und wollen alles Neue erst einmal spielerisch ausprobieren. Sie werden sich dann auf den Sattel schwingen, wenn sie sich sicher genug dafür fühlen. Ihr Sicherheitsgefühl entwickelt sich mit dem Üben. Anfangs brauchen sie noch sehr viel Bodenkontakt und „gehen" gewissermaßen mit dem Rad. Aber nach und nach werden sie sich immer fester abstoßen und die Füße immer länger in der Luft halten. So trainieren sie ihren Gleichgewichtssinn.

Wenn die Balance gehalten werden kann und das zunehmende Tempo samt Lenken immer besser beherrscht wird, ist das Umsteigen auf Pedale ein Leichtes.

Das Verhalten der Eltern beim Radfahrtraining mit dem Kind entspricht in der Regel ihrer grundsätzlichen Erziehungshaltung. Die Stützräder verhindern zwar, dass das Kind mit dem Rad umkippt, behindern aber seine motorische Entwicklung. Nur die eigenen Erfahrungen mit der Balance, was anfängliches gelegentliches Umfallen einschließt, lassen ein sicheres Gleichgewichtsgefühl wachsen. Die Selbsttätigkeit führt zur Selbstständigkeit. Deswegen brauchen Kinder keine ängstliche Sicherheitserziehung. Sie brauchen die Möglichkeit, sich aktiv zu bewegen, auch mit ihrem Körper zu experimentieren und Bewegungsmöglichkeiten selbst zu entdecken. Darum müssen sie toben, klettern, balancieren, bauen, buddeln und sammeln – eben all das tun können, was Kinderherzen glücklich und Waschmaschinen vollmacht. Nur wer Risiken erlebt, hat die Chance zu lernen, sie zu beherrschen.

Angst vor dem Kläffer

Ein Bild, das man in Wohnvierteln öfters sehen kann: Eine Mama geht mit ihrem vielleicht fünfjährigen Jungen an einem Gartenzaun vorbei. Dahinter springt ein kleiner, putziger Kläffer immer wieder gegen den Zaun und bellt laut. Die Mutter lacht belustigt, aber der Junge versteckt sich hinter ihrem Rücken. „Ach komm, Mäxchen", lacht die Mama, „der ist doch so klein und lustig. Schau mal, wie der springt! Und er kann dir doch auch gar nichts tun hinter dem Zaun." Damit schiebt sie Max vor, sodass er zwischen ihr und dem Zaun steht. Aber da reißt Max sich los und rennt weg.

Ist der Junge übertrieben ängstlich? Kann denn ein Fünfjähriger nicht zwischen einem putzigen kleinen Kläffer und einem großen, möglicherweise gefährlichen Hund unterscheiden?

Sollte man ihn nicht langsam daran gewöhnen, sich der Ängstlichkeit zu stellen, um sie zu überwinden?

Kinder bringen eine bestimmte Ängstlichkeit ins Leben mit, die wir Menschen brauchen, um Gefahren rechtzeitig zu erkennen und ihnen aus dem Weg zu gehen. Auch wir Erwachsenen brauchen Angst, um Vorsicht walten zu lassen und zu überleben: vor zu hoher Geschwindigkeit, vor dem Abgrund, vor einer gefährlichen ansteckenden Krankheit u. a. m. Was nun wirklich eine Gefahr bedeutet, kann man mit zunehmender Lebenserfahrung immer besser und realistischer einschätzen.

Kindern fehlt diese Lebenserfahrung natürlich noch. Viele weisen eine panische Angst vor Hunden auf. Diese Angst muss auch keine konkrete Ursache, keinen ängstigenden Vorfall, kein dramatisches Erlebnis als Auslöser haben. In ihrer Wirkung ist solch eine Kyno- oder Hundephobie jedoch dramatisch: Spielen auf der Straße, Radfahren mit Freunden, Spaziergänge mit der Familie – all das und vieles mehr ist problembehaftet. Eine Phobie ist mehr als nur Angst; sie ist eine „Angststörung", die nicht immer rational zu erklären ist. Wie viele Menschen haben beispielsweise eine Spinnen- oder Schlangenphobie, obwohl (zumindest bei uns) keine wirklich lebensgefährlichen Arten beheimatet sind?

Die Ursachen der Hundeangst sind unklar. Sie kann in jedem Alter erstmals auftreten, sogar bei Erwachsenen. Solange ein Mensch in seinem Alltagsleben nicht stark von ihr beeinträchtigt ist, muss man auch nichts dagegen unternehmen. Aber wer seine Phobie überwinden möchte, hat gute Erfolgsaussichten, wenn er eine Verhaltenstherapie in Anspruch nimmt.

Mäxchen aber ist erst fünf. Ob er nur ängstlich ist oder tatsächlich phobisch, das ist möglicherweise noch gar nicht klar. Auf jeden Fall ist er in diesem Alter noch abhängig davon, dass ein starker Mensch ihm Sicherheit vermittelt. Die eigene Schwäche als Kind muss durch jemand Starkes ausgeglichen werden. Der kleine Kläffer macht ihm Angst; das ist normal und seine Mutter muss das akzeptieren. Sie braucht keinen Umweg zu nehmen, um dem Hund auszuweichen. Aber sie sollte Max nicht mehr, als er es sich selbst zutraut, mit dem ängstigenden Reiz konfrontieren. Ängstlichkeit schwindet mit wachsendem Selbstvertrauen – und Wachstum braucht Zeit.

Was macht Kinder fit im Kopf?

Was können wir eigentlich tun, damit unsere Kinder gute, erfolgreiche Schülerinnen und Schüler werden?

Wie können wir sie unterstützen, damit sie bessere Noten erreichen?

Müssten wir sie mehr motivieren, und falls ja, auf welche Weise?

Solche Gedanken machen sich viele Eltern, vor allem, wenn sie Zeit genug dafür haben. Wer jedoch tagtäglich ohne Rücksicht auf ein Acht-Stunden-Pensum um die Existenzsicherung der Familie kämpft, den beschäftigen solche Fragen allenfalls am Rande. Aber trotzdem interessiert man sich dafür, und man braucht auch keinen großen Aufwand, um positive und umsetzbare Antworten zu finden.

Aktives Vorschulleben

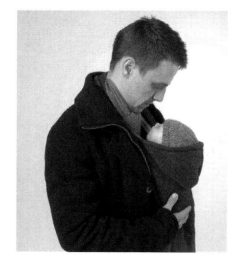

Vor rund 200 Jahren noch trugen die meisten Mütter ihr Kleines bei sich auf dem Rücken – zumindest, wenn es wach war. So konnten sie ihrer Arbeit nachgehen und das Kleinkind war nicht nur beaufsichtigt, sondern bekam auch alles mit, was Mama tat.

Heute tragen wieder viele Eltern ihr Kind beim Spa-

ziergang oder dem Einkauf am Körper, wenn auch zumeist auf der Brustseite. Gerne übernehmen manche jungen Väter diese Aufgabe, denn auch diese arbeiten körperlich nicht mehr so schwer wie in früheren Jahrhunderten, als der Alltag noch härter war.

Aber kaum kann ein Kind laufen und wird ohnehin zu schwer, um es ständig zu tragen, möchte es seinen Eltern auf den eigenen Beinchen folgen und überall dabei sein. Das sollten wir nach Möglichkeit zulassen, denn auf diese Weise nimmt es Anteil an all unseren Tätigkeiten und kann unglaublich viel lernen.

Bereits Vorschulkinder vermögen kleine Kunstwerke zu basteln, lernen zu filzen, zu häkeln oder zu stricken. Mit ein bisschen Anleitung können sie schon Plätzchen ausstechen, gestalten wunderbare Bilder, bauen mit LEGO die tollsten Häuser und gestalten ganze Spielwelten im Sandkasten.

Es gibt Kinder, die schon lange vor dem Schulstart eine Musikschule besuchen und dort Instrumente lernen oder die Schwimmunterricht nehmen und mindestens das Seepferdchen erreichen. In den ersten sechs Lebensjahren lernen wir Menschen so viel, wie später nie wieder in diesem Zeitraum!

Motivation

Kleine Kinder haben eine unglaubliche Lust darauf, alles Mögliche zu erlernen. Sie sind neugierig ohne Ende und wollen ständig Neues wissen und können. Diese Haltung ist Ausdruck dessen, was später in der Schule als Leistungsmotivation bezeichnet wird. Dahinter steckt nichts anderes als die Bereitschaft, sich anzustrengen – anfangs lediglich für das, was Lust und Spaß macht, später auch für das, was gelernt werden soll und sein muss.

Diese Anstrengungsbereitschaft ist der zentrale Baustein für den Schulerfolg. Kinder können hochintelligent sein, aber ohne eigene Motivation entsteht daraus keine Leistung. Vor allem aber: Motivation ist keine Sache der Begabung, sondern wird früh gelernt. Die ersten drei Lebensjahre sind entscheidend dafür, ob ein Kind sich später anstrengen will und erfolgshungrig ist. Dafür braucht es in dieser Lebensphase allerdings Eltern, die sich – zumindest immer wieder einmal zwischendurch – mit ihm befassen.

Damit ist jedoch nicht gemeint, zusammen aufs Smartphone zu schauen und Nachrichten zu checken oder gemeinsam Fernsehfilme oder die Sportschau anzusehen. Ganz im Gegenteil: Die ersten drei Lebensjahre sollten frei von allen elektronischen Medien bleiben! Die kindliche Wahrnehmung ist in den Kleinkindjahren noch nicht weit genug ausgereift, um bereits von TV, Computer und Elektronikspielzeug profitieren zu können. Stattdessen brauchen Kinder in dieser Lebensphase Menschen, die kreativ mit ihnen spielen: „Lass uns mal ein Türmchen bauen, du und ich, immer abwechselnd einen Holzbaustein auf den anderen. Mal sehen, bei wem der Turm einstürzt." Oder man kann mit Murmeln im Zimmer spielen: Aus einer alten Schuhschachtel schneidet man an der breiten Seite vier unterschiedlich große Tore aus, auf die man die Murmeln hinschubst. Wer trifft ins kleinste Tor?

Vorlesen

Viel fantasievoller ist jedoch das Spiel mit Puppen und Stofftieren. Da kann man Rollenspiele anregen, indem man einfach mit dem Stoffhund die Puppe anbellt und sie fragt, ob sie mitgehen wolle in den Zauberwald. Ganz leicht entstehen aus dem Stegreif Handlungen, die zwar nach Erwachsenenmaßstäben nicht immer sinnvoll sind, aber darum geht es ja auch nicht: Fantasie ist pure Kreativität! Erst mit zunehmendem Alter kann die Kreativität gesteuert werden und ein sinnvolles Stegreif-Theaterstück entstehen, das man vielleicht sogar den übrigen

Familienmitgliedern vorführen will. Etwa ab fünf Jahren kann eine Puppentheaterbühne Kindern Spaß machen.

Was jedoch bereits viel früher Spaß macht, ist das Vorlesen. Ist Ihr Kind viel zu wild, setzen Sie sich einfach mit einem Bilderbuch auf die Couch und schauen es sich ganz in Ruhe an. Es dauert nur wenige Augenblicke, bis das Kleine bei Ihnen ist und auch ins Buch gucken möchte. Aber lesen Sie nicht gleich los. Erst sollte es sich so zu Ihnen setzen, dass es ganz in Ruhe aufmerksam sein und zuhören kann. Natürlich kann man auch vorlesen, wenn das Kind vorher nicht getobt hat oder ins Bett soll. Das abendliche Gute-Nacht-Vorlesen kann ein Ritual und damit ein richtiges Bedürfnis werden, mit dessen Hilfe Kinder zur Ruhe finden und ihre Bereitschaft wächst, das Licht zu löschen und mit den Gedanken an das gerade Gehörte einzuschlafen. Für diesen Zweck braucht man auch kein Bilderbuch, sondern liest oder erzählt am besten Märchen. Auch heute noch mögen Kinder die alten Grimmschen Hausmärchen. Und sie können wunderbar danach schlafen, selbst wenn schlimme Hexen, das Rumpelstilzchen oder der böse Wolf im Spiel waren.

Wer sein Kind im Alltag möglichst viel teilhaben lässt, ab und zu ein Viertelstündchen mit ihm spielt und abends in Ruhe vorliest, tut viel dafür, dass es fit im Kopf wird und als Schulkind erfolgreich zu lernen vermag. Da bleibt dann für unsere Kleinen zum Glück auch gar nicht mehr viel Zeit übrig, die sie vor dem Fernseher oder mit einem Elektronikspiel verbringen wollen. Beteiligung, kreatives Tun und Fantasie sind für die Entfaltung von Motivation und Intelligenz bei Kindern maßgebliche Voraussetzungen. Wenn die Schule schließlich das Lernen mit elektronischer Tafel und Computer in Angriff nimmt, ist es früh genug dafür.

Kinder brauchen Blickkontakt

Smartphones sind heutzutage nichts Besonderes mehr. Fast jeder besitzt eines und benutzt es natürlich auch.

Wenn ich mit der Straßenbahn fahre, sind etwa drei von vier Passagieren um mich herum mit ihrem Gerät befasst, telefonieren, lauschen über Ohrhörer ihrer Lieblingsmusik, recherchieren im Internet, spielen etwas oder tun mehreres davon gleichzeitig.

Und wie oft kann man auf Spielplätzen beobachten, dass Mama auf der Bank sitzt und sich mit dem Smartphone beschäftigt, während der oder die Kleine im Sandkasten buddelt?

Sogar das Schieben eines Kinderwagens hindert geschickte Mütter nicht daran, nebenbei Nachrichten auf dem Handy zu lesen und zu beantworten oder zu telefonieren.

Ich habe nichts gegen Smartphones – es sind sehr nützliche Geräte. Aber ich habe etwas gegen die Nutzung von Smartphones in Anwesenheit kleiner Kinder.

Warum?

Kinder werden von uns Menschen zur Welt gebracht – genauer: von Müttern. Und das Wichtigste für ein Baby unmittelbar nach der Geburt ist es, in den Arm genommen, liebkost und versorgt zu werden. Der körperliche Kontakt in diesen Minuten entscheidet wesentlich darüber, ob das Neugeborene sich sicher und geborgen fühlen kann. Es sucht nach Nähe und fordert sie oft genug in den folgenden Tagen, Wochen und Monaten durch Weinen und Anklammern, später durch Hinterherkrabbeln und Rufen ein. Sein Sicherheitsgefühl ist abhängig von seinen Bindungserfahrungen: Es braucht immer und immer wieder das Erleben von Zuwendung und Fürsorge. Wenn es merkt, dass es sich darauf verlassen kann, wird seine Sicherheit nach und nach ausgeprägter. Regen die Eltern ihr Baby gleichzeitig zu altersgemäßen Beschäftigungen und Entdeckungen an, wächst ganz allmählich auch seine Tüchtigkeit und Selbstständigkeit.

Mit sieben, acht Monaten etwa werden die Kleinen mobiler, können krabbeln und bewegen sich auch einmal ein paar Meter von uns fort. Aber genau das beunruhigt sie gleichzeitig. Die emotionale Entwicklung ist nun so weit fortgeschritten, dass

die neuen Fähigkeiten zu neuen Erfahrungen verlocken, aber gleichzeitig auch das Sicherheitsbedürfnis verstärken. Nur die möglichst unmittelbare Zuwendung zum Kleinkind hilft ihm, seine Selbstständigkeit immer wieder auszuprobieren und neue Erfahrungen zu machen. Ganz langsam wird es auf diese Weise sicherer, selbstständiger und unabhängiger von Mutter und Vater. Es braucht sie bald nicht mehr ständig, weil es oft genug die Erfahrung gemacht hat, dass jemand in der Nähe ist, wenn es jemanden braucht.

Wegen dieser Entwicklungsbedürfnisse des Kleinkindes sollten wir als Eltern in seiner Anwesenheit immer auf das Smartphone verzichten. Selbst wenn es schläft, spürt es atmosphärisch, ob wir bei ihm sind. Und auch, wenn die Kleinen schon laufen und sprechen können, suchen sie immer wieder nach unserer Zuwendung, nach Blickkontakt. Wenn wir nach ihnen schauen, wie früher häufig Mütter aus dem Fenster auf den Hof schauten, wo die Kinder spielten, können sie sich geborgen und sicher fühlen. Schauen wir mit dem Handy am Ohr nach ihnen, sind wir nicht wirklich bei ihnen – Kinder spüren das ganz genau.

Telefonieren wir in Anwesenheit eines dreijährigen Kindes, wird es uns immer wieder stören, weil es teilhaben möchte und weil es merkt, dass unser „Blick", unsere Aufmerksamkeit, nicht ihm gilt. Es nimmt wahr, dass wir uns mit jemand anderem befassen und sucht nach unserer Nähe. Wenn wir ungestört sprechen wollen, sollten wir uns deshalb außerhalb der Reichweite der oder des Kleinen aufhalten. Falls es jedoch möglich ist, können wir das Gespräch auch laut stellen und den Nachwuchs daran beteiligen. Es wird dann vermutlich gar nicht lange dauern, bis es ihm langweilig wird und wir ungestört weitersprechen können.

Unser modernes Mobiltelefon kann zum Bindungskiller werden, weil es eine Konkurrenz zur Eltern-Kind-Bindung darstellt. Kinder brauchen unsere Aufmerksamkeit mehr als das Gerät. Wenn das Kind schreit und gleichzeitig das Telefon klingelt, hat das Kind Vorrang – es braucht unsere zuverlässige, geduldige, freundliche Zuwendung.

Das Handy hat seine Speichermöglichkeit und erlaubt spätere Rückrufe – das Kleinkind braucht sofortige Zuwendung. Das Smartphone ist nur ein Gerät – das Kind ist ein Mensch und noch dazu unser eigenes „Produkt". Es braucht uns: unsere Worte, auch wenn es sie noch nicht versteht; unsere Zärtlichkeiten und Körperwärme, wenn es schmusen will; unsere Zuwendung und Freude über seine neuesten Fähigkeiten oder auch nur über seine Neugier.

Wenn Sie Ihr Kind anschauen, können Sie mit Blicken und Mimik mit ihm kommunizieren. Es wird lachen, wenn Sie es anlachen. Aber es soll ja auch schon Handyprogramme geben, die das für uns übernehmen …

Kinder mit eingebauter Fernsteuerung?

"Nelly!", ruft die Mama laut die Straße hinunter. Sie ist 50 Meter voraus. "Ich gehe jetzt weiter!" Nele ist vielleicht zwei Jahre alt und rutscht auf ihrem roten Bobbycar zwischen diversen interessanten Abfällen hin und her, die in einer Fußgängerzone eben so herumliegen.

"Hey Nele", klingt es jetzt ungeduldiger, "wo bleibst du denn?" Nelly ist keineswegs schwerhörig. Sie scheint ein munteres und neugieriges Mädchen zu sein. Darum ist ihre Aufmerksamkeit jetzt voll und ganz bei der Plastiktüte, die sie gerade gefunden hat. Schade – nichts drin! Aber nur einen Meter weiter liegt ein abgeschleckter Eisstiel am Boden, da fährt sie hin, um ihn näher zu untersuchen. "Igitt", ruft ihre Mama aus, die jetzt endlich zu ihr gekommen ist, um sie zu holen, "lass das dreckige Zeug liegen!" Ungeduldig greift sie nach der Schnur, um das Bobbycar abzuschleppen. „Warum hörst du denn nicht, wenn ich dich rufe?", fragt sie noch. Aber dabei schaut sie schon nach vorn, denn sie will ja weiter. Nele schaut sich derweil nach anderen interessanten Objekten um.

Es ist noch gar nicht so lange her, dass kindliche Neugier von Erwachsenen ungern gesehen wurde. Auch meine Eltern haben mich deswegen gelegentlich sogar bestraft. Heutzutage jedoch ist wissenschaftlich belegt, dass Neugier eine angeborene Verhaltenstendenz mit positiver Bedeutung ist. Schon in den 1940er und -50er Jahren hat der Verhaltensforscher Konrad Lorenz beschrieben, wie wichtig Neugierverhalten für die Anpassung von Lebewesen an ihre sich verändernde Umwelt ist. Gerade heutzutage, wo die Welt sich immer rascher verändert und ältere Menschen mit den aktuellen technischen Entwicklungen kaum noch Schritt halten können, ist die kindliche Neugier eine fundamentale Voraussetzung, um lebenstüchtig zu werden.

Das Neugiermotiv wird schon vor dem Alter von sechs Monaten deutlich, wenn Babys Dinge ergreifen und in den Mund stecken. Mit etwa 18 Monaten beginnt die Experimentierphase der Kleinen. Dann versuchen sie herauszufinden, was sich mit diversen Dingen alles anstellen lässt. Wenig später probieren sie alles aus, was in Reichweite liegt: Schalter und Knöpfe werden betätigt, Schubladen ausgeräumt und Werkzeuge zu nutzen versucht. Neugier ist der Motor der geistigen Entwicklung. Neugierige Kinder werden später in der Regel auch die leistungsmotivierteren Schülerinnen und Schüler.

Auf jeden Fall haben Kinder keine eingebaute Fernsteuerung. Wer sie beeinflussen will, das wusste schon Johann Heinrich Pestalozzi (1746–1827), muss drei Dinge beachten: Erstens Blickkontakt, denn sonst fühlt sich das Kind nicht gemeint und reagiert nicht. Zweitens Augenhöhe, denn wer „auf Augenhöhe" mit dem Kind kommuniziert, begibt sich auf eine gemeinsame Ebene mit ihm und kann nicht ignoriert werden. Und drittens stärkt Körperkontakt die Botschaft an das Kind: „Hallo, du bist gemeint, Liebes." Sich anfassen, vielleicht gar umarmen, stärkt die Beziehung und vermittelt, dass die Aufforderung liebevoll gedacht ist.

Neles Mama hat diese Bedingungen missachtet. Da ist es ganz „psycho-logisch" und kein bisschen „böse", dass das Mädchen ihr nicht folgt.

Sonne auf Kinderhaut

Wie leicht sind Kinder glücklich zu machen! Sandstrand und Wasser, dazu eine Schaufel und vielleicht noch ein Eimerchen – mehr ist nicht nötig, damit sie sich in stundenlanger Beschäftigung abarbeiten können, um abends erschöpft, aber glücklich, ins Bett zu fallen.

Das kann ich immer wieder beobachten, wenn ich an meinem Lieblingsstrand in Nordholland Urlaub mache. Gerade dort, wo es so wunderbar flach ist, könnten kleine Kinder ein ungefährliches Paradies haben. Könnten – wenn ihre Eltern nicht eine Gefahr häufig unterschätzen würden, nämlich die von uns Mitteleuropäern immer so heiß herbeigesehnte Sonne! Oft spielen die Kleinen viele Stunden ungenügend geschützt unter strahlend blauem Himmel.

Eine Sonnencreme verlängert die Zeit, in der der Eigenschutz der Haut funktioniert. Lichtschutzfaktor 50 beispielsweise verspricht, dass man 50-mal so lange sonnen darf wie ohne Creme. Bei strahlendem Himmel am Meer wären das für ein kleines Kind also 50 x ca. 5 Minuten = 4 Stunden und 10 Minuten. Davor allerdings warnt das Bundesamt für Strahlenschutz ganz entschieden. Es empfiehlt mit Nachdruck, maximal 60 Prozent dieser Zeitspanne auszunutzen. Im Beispiel wären das immer noch zweieinhalb Stunden. Anschließend hilft auch nachzucremen nichts, denn die Haut hat nun ihre maximale Tagesdosis aufgenommen. Jede Minute darüber hinaus schadet ihr. Im Laufe des Lebens summieren sich die von zu viel Sonne verursachten Zellschädigungen und führen letztlich zu Hautkrebs. Das ist einer der Gründe, warum die Wartezimmer von Hautarztpraxen fast ständig überfüllt sind.

Deswegen ist es sinnvoll, sich lieber angekleidet am Strand aufzuhalten. Es müssen nicht einmal lichtschützend ausgestattete Textilien sein, die man trägt. Ein ganz normales weißes Baumwoll-T-Shirt schützt die Haut besser als die beste Sonnencreme. Aber hätten Sie gedacht, dass es deutlich mehr ultraviolette Strahlung durchlässt als ein schwarzes Polyester-Shirt? Außerdem gibt es Textilien, die einen Ultraviolet Protection Factor (UPF) ausweisen, der bis 80 reicht. Er gibt an, wievielmal länger die Haut mit dem Kleidungsstück geschützt ist als ohne. Allerdings betonen Hauttumor-Spezialisten, dass normale Kleidung völlig ausreiche. Lediglich Straßenbauarbeitern, Gärtnern oder Outdoor-Sportlern empfehlen Fachärzte die spezielle und natürlich auch teurere UPF-Kleidung. Vor allem aber empfehlen sie, die sonnenintensivsten Stunden des Tages zwischen 11 und 15 Uhr eher zu meiden.

Wenn ich die vielen Kinder mit wahrhaft krebsroter Haut am Strand sehe, frage ich mich, warum Eltern ihre Kleinen eigentlich standardmäßig davor warnen, auf die heiße Herdplatte zu fassen. Die Langzeitfolgen verbrannter Finger sind längst nicht so dramatisch wie die einer Hautrötung durch die Sonne. Wer seinem Kind ein langes und gesundes Leben wünscht, sollte es darum wirksam vor zu viel Sonnenlicht schützen – „gesunde Bräune" gibt es nicht!

Wenn einer eine Reise tut ...

Die Plätze im Nachbarabteil des ICE sind für sie reserviert. Die Frau und ihr kleiner Sohn, vielleicht fünf Jahre alt, richten sich häuslich auf ihren Fenstersitzen ein. Als alle Gepäckstücke verstaut und die Jacken an die Haken gehängt sind, wird der mobile DVD-Spieler auf dem Tisch aufgebaut.

„Wohin geht denn die Reise?", versuche ich ein wenig Small Talk. „Nach München", antwortet die Mutti. „Was ein Segen, dass es diese Geräte gibt! Anders wären die langen Strecken auf der Bahn mit Liam kaum auszuhalten." Sie legt dem Jungen, der schon ungeduldig auf seinem Platz zappelt, den gewünschten Film ein. Dann nestelt sie an ihrem i-Pod, setzt sich den Kopfhörer auf und ist weg.

Liam lacht immer wieder vergnügt vor sich hin und hüpft auf seinem Sitz herum. Was ihn erheitert, höre ich nicht, denn auch er trägt Ohrstöpsel. Rund viereinhalb Stunden soll die Fahrt dauern. Ob er wohl so lange Filme schauen wird?

In meinen Kindertagen verreiste ich öfters mit meiner Oma im Zug. Damals versahen sogar noch Dampfloks ihren Dienst. Die Reisedauer war rund doppelt so lang wie heute. Solche Unterhaltungsmedien, wie ich sie bei Liam und seiner Mutter gesehen habe, gab es damals nicht. Meine Oma las mir vor, machte mich auf die Wolken am Himmel aufmerksam, in denen man die wunderlichsten Figuren sehen konnte, oder erklärte mir die Landschaft. Mein „DVD-Spieler" war ein Pixi-Buch. Was ist der Unterschied?

Beim Vorlesen und Erzählen verfestigt sich die Beziehung. Es gibt Körperkontakt. Erwachsene und Kind bilden ein Team, das diese Reise zu bewältigen hat. Dabei sollte die oder der Kleine auch Verantwortung tragen, beispielsweise seinen Beutel mit den Reise-Spielsachen. Außerdem gibt es eine Menge Spiele ohne Material. „Ich sehe was, was du nicht siehst" geht fast immer und überall. „Teekesselchen" macht besonderen Spaß, wenn zwei Kinder mitreisen. „Ich packe meinen Koffer und nehme ... mit" lässt sich jederzeit spielen. Eine „Zaubertafel" eignet sich zum Zeichnen auf Reisen besonders gut, weil der Stift nichts verschmieren kann.

Ich war damals sicher auch anstrengend, aber ich galt nicht als lästig. Wenn ich mal nicht mehr ruhig sitzen konnte, durfte ich meine Spielzeug-Schaffnermütze aufsetzen und bei den Mitreisenden die Fahrkarten kontrollieren. Die meisten sind sehr freundlich und belustigt darauf eingegangen. Liam kann Ähnliches leider nicht erleben. Nach einer Stunde Film geht seine Mutter mit ihm in den Speisewagen. Als sie wieder an ihren Platz zurückkehren, bekommt er den zweiten Film eingelegt.

Wenn einer eine Reise tut, dann kann er was erzählen – entweder von dem, was er live erlebt hat und mit allen Sinnen, oder von einer Filmkonserve ...

Es weihnachtet sehr

Dominosteine und Spekulatius – kaum ist der Herbst da, wird schon das Süßwarenangebot in den Supermärkten weihnachtlich. Die 35. Kalenderwoche, also Ende August, Anfang September, macht den Auftakt. „Hohlkörperprodukte" wie Nikoläuse und Weihnachtsmänner werden erst im Oktober und November verkauft, aber auch dann ist es noch eine ganze Zeit hin bis zum Advent. Dazu mag man stehen, wie man will, für Kinder ist dieser Trend folgenschwer, und das nicht nur wegen des Zuckers und der Zähne.

Die Zeit ist beständig im Fluss. Für unsere Kleinen stellen Rituale eine große Hilfe dar, um sich im Ablauf des Tages, der Woche oder gar des Jahres zu orientieren. Rituale sind immer gleichartige und zu festen Zeitpunkten wiederkehrende Abläufe. Kinder brauchen sie, brauchen feste Zeiten fürs Aufstehen, die Mahlzeiten und das Zubettgehen. Sie lieben das Guten-Appetit- und das Gute-Nacht-Ritual. Sie lernen, dass sonntags der Rhythmus anders ist als werktags und freuen sich beispielsweise auf das Kinderturnen an jedem Mittwoch.

Die wichtigsten Festlichkeiten des Jahres sind für sie Geburtstag, Ostern und Weihnachten. Je näher sie rücken, desto größer wird die Spannung. Aber Vorfreude lässt sich nicht über Monate hinweg aufbauen und halten. Die verfrühten Weihnachts-

leckereien entwerten das eigentliche Fest. Kinder lernen nicht mehr das Warten und geduldig zu sein. Anstatt sich erst mit dem Advent dem großen Fest anzunähern, ist das, was Weihnachten für Kinder zum großen Teil ausmacht, schon ein viertel Jahr vorher verfügbar.

Eine Verbraucherumfrage von YouGov am 3. September 2018 hat ergeben, dass im Durchschnitt aller Altersgruppen 80 Prozent der Deutschen finden, Weihnachtssüßigkeiten kämen zu früh in die Supermärkte. Auch bei den 25- bis 34-Jährigen stimmen noch zwei Drittel (67 %) dieser Meinung zu. Trotzdem werden sie gekauft, sobald sie in den Regalen liegen. Sie sind offenbar eine unwiderstehliche Verführung.

„Wenn's Mäusle satt isch, schmeckt's Mehl bitter", heißt es im Schwabenland. Weder das Zeitgefühl noch die Fähigkeit zum Bedürfnisaufschub und die Wertschätzung für das Besondere können sich unter diesen Umständen entwickeln. Das aber sind wichtige Grundlagen für Anstrengungsbereitschaft und Leistungsmotivation. Die verfrühten Weihnachtsleckereien tragen also letztlich zur viel beklagten „Null-Bock"-Haltung und dem überhöhten Anspruchsdenken unserer Jugend bei. Und kann man überhaupt noch Glücksgefühle empfinden, wenn es einem ununterbrochen (zu) gut geht?

Was ist selbstverständlich?

„Es ist einfach unglaublich!", stöhnt Frau R. „Zigtausend Mal hab' ich Kimi schon gesagt, er soll seine Jacke an die Garderobe hängen, wenn er nach Hause kommt. Das ist doch wohl eine Selbstverständlichkeit! Aber immer wieder liegen seine Sachen im Flur herum." Sie ist echt verzweifelt.

Es ist wirklich nicht einfach, Kindern Ordnung und Regeln beizubringen. Manche scheinen von Natur aus ordentlich zu sein, andere dagegen wirken unbelehrbar.
  Amelie wiederum vereint offenbar beides in einer Person.
  Regelmäßg hilft sie ihrer Erzieherin in der Kita beim Aufräumen der Spielsachen.
  Aber zu Hause? Ihr Kinderzimmer ist stets ein Schlachtfeld. Im Bettkasten finden sich gelegentlich verschimmelte Apfelreste, und Staubsaugen ist stets ein Kampf gegen herumliegende Kuscheltiere und 1001 sonstige Spielsachen.
  Amelies Chaos ist Teil ihrer Beziehungsspielchen mit Mama, der sie es nie gut genug machen kann. Ihre Erzieherin dagegen lobt sie häufig und gibt ihr die Anerkennung, nach der sich jeder Mensch sehnt, ob klein oder groß.

Kimi ist dagegen ganz anders. Er würde schon gerne ordentlicher sein, aber es fällt ihm ungeheuer schwer. Regeln, Regelmäßigkeit, Pünktlichkeit – er kriegt das einfach nicht so „auf die Reihe" wie andere.
  Impulsive Kinder wie er schaffen es nur mit intensivem Training, Alltagsregeln einzuhalten. Die Jacke an die Garderobe zu hängen, das könnte man durchaus mit ihm üben. Ein konsequentes Acht-Wochen-Programm wäre sehr erfolgversprechend und sieht so aus:

Stufe 1: In den ersten zwei Wochen müsste Frau R. möglichst immer da sein, wenn Kimi nach Hause kommt. Sie empfängt ihn an der Wohnungstür und sagt: „Hallo, schön, dass du da bist. Häng bitte gleich deine Jacke an die Garderobe." Danach lobt sie ihn sofort oder streicht ihm liebevoll übers Haar. Sollte er die Jacke jedoch fallen lassen, hält sie ihn fest und wiederholt mit fester Stimme ihre Aufforderung. Das macht sie jedes Mal, wenn er nach Hause kommt, auch wenn er nach ein paar Tagen motzig werden sollte. Sie erklärt ihm, dass das einfach nötig ist, damit er sich diese Gewohnheit einprägt.

Stufe 2: In der dritten und vierten Woche muss Frau R. nicht mehr direkt bei Kimi stehen. Sie kann auch aus der Küche oder dem Wohnzimmer in den Flur schauen und nachfragen, ob die Jacke an der Garderobe hängt. Im positiven Fall reckt sie anerkennend den Daumen hoch.

Stufe 3: In Woche fünf und sechs schaut Frau R. nur zu, ob Kimi seine Jacke aufgehängt hat, und gibt ihr anerkennendes Daumenzeichen ohne Worte.

Stufe 4: Während der letzten zwei Wochen sollte Frau R. nicht mehr jedes Mal hinschauen und ihr Daumenzeichen geben, wenn Kimi heimkommt. Sie gibt nur noch jedes zweite oder dritte Mal ihr Zeichen. Sofern Kimi seine Jacke trotzdem regelmäßig aufhängt, kann sie das Verfahren nach acht Trainingswochen damit beenden. Andernfalls müsste sie die letzten vier Wochen noch einmal wiederholen.

Solch ein „Verhaltenstraining" verlangt den Eltern viel Geduld ab, aber auch ganz konsequentes und gleichzeitig liebevolles Einfordern der Regeln. Vor allem brauchen die betreffenden Kinder viel Lob, und zwar immer gerade dann, wenn sie etwas richtig machen. „Beim Richtigen erwischen" ist das Motto, das ihnen hilft, denn für sie versteht es sich einfach nicht von selbst, was für uns selbstverständlich ist.

Mütter als Animateure?

„Schlechtwettertage sind ein Horror für mich", verrät mir Frau K., „weil ich Lennard dann natürlich nicht zum Spielen ins Freie lassen kann. Er nervt mich dafür aber ohne Ende, dass ich mit ihm was machen soll, oder wir streiten uns, weil er nichts anderes weiß, als Fernsehen oder DVDs zu gucken."

Viele Mütter kennen das Problem, dass ihre Kinder sie gern als Animateure gegen die Langeweile einsetzen möchten. Und selbstverständlich hat es ja auch eine schöne Seite, vom Kind so gebraucht zu werden. Ist es nicht wunderbar, ihm eine Freude machen zu können, wenn es gerade in besonders trister Stimmung ist oder sich über die Maßen langweilt? Aber Vorsicht! Hören wir nicht ohnehin meistens auf dem „Appell-Ohr"?
Ein paar Beispiele gefällig?
– „Mama, wie geht das Spiel hier?" – „Zeig mal her, ich helf' dir."
– „Ich will auf den Spielplatz!" – „Na komm, dann gehen wir halt raus."
– „Mama, ich hab' Durst!" – „Komm her, ich geb' dir was."

Wer seinem Kind zu viel abnimmt, versagt ihm die Chance auf Selbstständigkeit. Das Wort kommt von „selbst stehen" können. Ich habe – ungelogen – bei einer Schulanmeldung erlebt, dass ein Junge sehr unbeholfen die Treppe hinaufging. Er setzte immer einen Fuß auf die nächste Stufe und zog den anderen nach. Dabei hielt er sich krampfhaft am Geländer fest. Ansonsten wirkte er jedoch durchaus altersgemäß entwickelt. Ich fragte seine Mutter, was das mit dem Treppensteigen auf sich habe. Ein wenig verlegen meinte sie, er sei doch ihr einziges Kind. Deswegen verwöhne sie ihn gerne und würde ihn zumeist die Treppe hoch- und runtertragen. Ich kenne kein treffenderes Beispiel für die Verhinderung von kindlicher Selbstständigkeit – und das, wo es heutzutage doch sogar Kinderhandläufe gibt, die man höhenvariabel am Treppengeländer anbringen kann.

Es mag manchmal in Ordnung sein, sein Kind zu verwöhnen, aber ein Dauerzustand sollte es nicht werden.

Nur wer selbst „tut", kann „tüchtig" werden.

Auch bei Langeweile ist die Erfahrung für Kinder ungeheuer wichtig, sie selbst überwinden zu können, denn ohne das Vakuum im Kopf können keine Ideen entstehen. Unsere Kleinen brauchen die Langeweile, um die Erfahrung zu machen, dass sie selbst Ideen entwickeln können. Wenn sie gewissermaßen in ihrer eigenen Langeweile versinken, kann die Welt um sie herum so still werden, dass sie sich selbst hören können. Diese Erfahrung ist wichtig, um auf eigene Ideen zu kommen.

Ein passendes Beispiel dafür gab mir Kai, ein siebenjähriger Grundschüler, der in den Ferien Langeweile hatte und seine Mutter nervte, mit ihm zu spielen.

Gereizt blaffte sie ihn an, er solle sie endlich mal in Ruhe lassen. So setzte er sich ziemlich angesäuert hinters Haus. Schließlich fiel sein Blick auf „seine" Ecke im Garten, die ihm sein Vater einmal abgesteckt hatte. Kai marschierte hin und ließ seine Wut am Unkraut aus.

Als er eine kleine Fläche frei gejätet hatte, gerade groß genug für seinen Kopf, kam ihm das wie ein Versteck vor. Bäuchlings auf dem Boden liegend konnte er „heimlich" die Welt durch die hohen Halme um ihn herum beobachten und „Rache brüten". Aber bald ließ ihn seine Fantasie an Räuber denken. Er richtete sich ein auf seinem Fleck, buddelte mit den Fingern und schließlich einem Steinchen kleine Gräben ins Erdreich, häufelte kleine Wälle auf und spielte mit Stöckchen und Steinen als Figuren Abenteuergeschichten, bis seine Mutter ihn zum Abendessen rief.

Diese für Kinder typische Spielfantasie ist ein wesentlicher Ausdruck von Intelligenz. Der Mensch hat ein kreatives Potenzial, das er aber nur ausschöpfen kann, wenn er durch Phasen der Langeweile hindurchgehen darf, ohne gleich wieder abgelenkt zu werden.

Wer seine Probleme nicht selbst löst, wird nicht kreativ und entwickelt auch keine Problemlöse-Kompetenz. Selbst bei schlechtem Wetter können Kinder Spielideen entwickeln, wenn man sie nur lässt. Ein Satz wie „Gell, Langeweile ist doof" macht den Kleinen klar, dass man sie versteht, aber ihnen ihr Problem nicht abzunehmen bereit ist. Sie wachsen nur an selbst gelösten Problemen. Und außerdem gibt es kein schlechtes Wetter, sondern allenfalls die falsche Kleidung. Wer auch bei Regenwetter draußen spielt, stärkt seine Abwehrkräfte.

Der tägliche Aufräum-K(r)ampf

„Jeden Tag haben wir das gleiche Theater", erzählt mir Frau K., und ihre Stimme klingt dabei ebenso wütend wie resigniert. „Niklas soll abends seine Spielsachen aufräumen, bevor er ins Bett geht. Aber selbst die neuen Spiele, die er gerade erst zu Weihnachten bekommen hat, bleiben wild im Zimmer verstreut liegen."

Niklas ist fünf Jahre alt. Er leidet selbst unter seiner Unordnung. Wenn mal was kaputt geht, weil jemand aus Versehen auf herumliegendes Spielzeug tritt, heult er oder kriegt einen Wutanfall. Seine Mama hat Recht, wenn sie ihn zum Aufräumen erziehen will. In meiner Kindheit in den 1950er Jahren war das einfacher. Meine Mutter setzte mich vor den Schrank auf den Fußboden. „Hier", sagte sie dann, „legst du alle deine Spielsachen rein. Die zwei Fächer sind nur für dich!" Ja, mein Spielzeug passte in zwei Schrankfächer! Unter Langeweile mussten wir Kinder damals deswegen sicher nicht mehr leiden als die heutigen. Wer wenig hat, entwickelt eher eigene, kreative Ideen – und muss außerdem weniger aufräumen! So konnte ich meine eigene Ordnung entwickeln.

Niklas jedoch ist bei seiner Unordnung einfach überfordert. Er hat so viele Sachen, dass ein Fünfjähriger sie nicht zu überblicken, geschweige denn zu sortieren vermag. Vor allem aber hat bisher noch niemand mit ihm das Aufräumen eingeübt, auch seine Mutter nicht. Die Aufforderung „Räum bitte mal dein Kinderzimmer auf" können Kinder nicht umsetzen, wenn sie das Aufräumen noch nicht gelernt haben. Dabei kann man schon im Kleinkindalter damit beginnen, wenn sie eigentlich noch gar nicht in der Lage sind, ihre Sachen ordentlich zu sortieren.

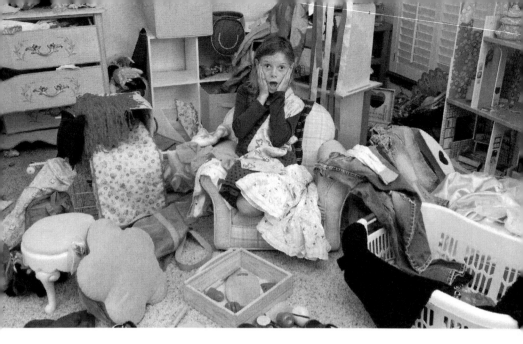

Spielt so ein Kleines von eineinhalb, zwei Jahren mit einem Steckwürfel, bei dem man verschiedene eckige und runde Klötzchen durch das jeweils passende Loch ins Innere schiebt, lernt es erste Grundzüge des Aufräumens: Gleiches zu Gleichem. Dieses Prinzip praktiziert man am besten von klein auf mit dem Kind zusammen. Es lässt sich als Spiel gestalten, bei dem ganz viel miteinander gesprochen werden sollte: In welche Schachtel kommen die Autos? Welche Kiste ist für die Kuscheltiere? Die Bilderbücher aufs Regalbrett, LEGO in die Stapelbox und eine Restekiste für all das, was auf die Schnelle nicht einsortiert werden kann. Wenige große Kisten sind zumindest anfangs besser als zu viele kleine, denn mit drei, vier Jahren muss das Aufräumen noch ganz einfach sein.

Einfacher ist es auch, wenn es nicht zu viel Spielzeug gibt. Ich kenne eine Menge kleiner Kinder, deren Sachen gar nicht in einem einzigen Kinderzimmer unterzubringen sind. Besucher bringen heutzutage eben nicht mehr nur eine Tüte Gummibärchen mit, sondern gleich ein Spielzeugauto oder ein Püppchen,

LEGO-Zubehör oder Barbie-Utensilien. Wenn man derlei Mitbringsel nicht verhindern kann, sollte man die regelmäßigen Besucher doch bitten, mit System zu schenken. Spielt ein Kind beispielsweise gerne mit dem Anker-Bausteinsystem, könnten Besucher jedes Mal ein paar Teile aus einem Ergänzungskasten mitbringen. Dann wächst nicht nur die Menge des Spielmaterials, sondern das Kind wächst mit und kann nach und nach immer kunstvollere Bauwerke erstellen. Sinnvoll zu schenken heißt eben auch, das Kind mit den Geschenken sinnvoll anzuregen und zu fördern.

Aufräumen bedeutet, Gleiches zu Gleichem zu sortieren. Dieses Prinzip bleibt bestehen, auch wenn ein Kind älter wird. Nach und nach wird es immer differenzierter Ordnung halten können. Dabei helfen Bilder vom Inhalt auf Schachteln, Kisten und Schubladen und geben Orientierung. Dieses Aufräumspiel braucht seine Zeit und sollte als Ritual ganz regelmäßig stattfinden. Erziehen durch konsequentes, gemeinsames Handeln wird auch den fünfjährigen Niklas noch an die gewünschte Haltung gewöhnen, ganz allmählich.

Das Kind abmelden?

In einer Kindertagesstätte meldet sich in der Diskussion nach meinem Vortrag über aggressives Verhalten bei Kindern erregt eine Mutter zu Wort: „Wenn dieser Milan nicht aus der Gruppe entfernt wird, in der Linus ist, melde ich mein Kind in einem anderen Kindergarten an!"

In zahlreichen Gesprächen mit Erzieherinnen und Lehrkräften höre ich immer wieder von Eltern wie Linus' Mutter, die massiv auf die Zusammensetzung von Tisch- und Spielgruppen oder gar Schulklassen Einfluss zu nehmen versuchen. Stets sind sie von der Sorge getrieben, ihr Kind könne Schaden nehmen an den anderen, vermeintlich schwierigen Kindern. Wer würde diese Sorge nicht verstehen! Aber hilft den Kindern das Herausnehmen aus dem Konflikt wirklich? Schließlich sind Erzieherinnen oder Lehrkräfte anwesend, die sich bemühen, solche Situationen zu steuern und die Kinder bei der selbstständigen Bewältigung ihrer Konflikte zu unterstützen.

Rund 20 Prozent aller Kinder und Jugendlichen in Deutschland weisen nach KIGGS, der Studie des Robert-Koch-Instituts zur Gesundheit von Kindern und Jugendlichen in Deutschland, ein Risiko für psychische Auffälligkeiten auf. Nach dem Internet-Kita-Handbuch www.kindergartenpaedagogik.de sind es sogar 33,4 Prozent. Jungs zeigen deutlich häufiger Symptome als Mädchen. Angststörungen sind die häufigste Auffälligkeit, gefolgt von aggressiv-dissozialen und – gleichauf – depressiven und hyperkinetischen Störungen (z. B. ADHS). Alle diese Diagnosen erfordern eine kinderpsychiatrische Diagnostik und Behandlung.

Mehr als ein Viertel aller Kinder wächst als Einzelkinder auf und knapp die Hälfte der rund 13 Mio. Kinder und Jugendlichen in Deutschland hat nur ein Geschwister. Woher sollen sie Sozialverhalten gelernt haben, wenn sie nicht in einer Kinderschar aufwachsen? Und wie sollen sie ein „normales" Verhalten entwickeln können, wenn die Trennung der Eltern oder persönliche Faktoren wie berufliche Umorientierung, Arbeitslosigkeit oder Karrierestreben das Familienleben belasten?

Kindergarten und Schule müssen heutzutage das an Sozialerziehung nachholen, was in den Familien mangels Kindern und wegen vielfältiger Probleme nicht stattfinden kann. Kinder lernen nur unter Geschwistern oder in der Ersatz-Geschwisterschar einer Kita oder Schule, wie man sich streitet und wieder verträgt, wie man Rücksicht nimmt oder sich gegen Rücksichtslosigkeit zur Wehr setzt und wie man gemeinschaftlich Projekte auf die Beine stellt. Dieses soziale Lernen kann zwangsläufig nicht ohne Konflikte vonstattengehen. Wer jedoch seinem Kind solche Konflikte ersparen will, auch wenn es aus Sorge geschieht, verhindert die Entwicklung seiner sozialen Kompetenzen. Stärke entwickelt sich eben nicht durch Schonung, sondern nur durch das Erfahren der eigenen Kräfte.

„Mach keinen Blödsinn!"

„Jeden Tag sage ich zu Lotta, sie soll keinen Blödsinn machen. Und trotzdem stellt sie ständig irgendetwas an. Ich verstehe nicht, wie ein Kind so viel Unfug im Hirn haben kann! Und dabei sind wir sicher keine schlimmen Eltern, im Gegenteil, sie hat gar keine Pflichten und es fehlt ihr an nichts." Herr M. schaut mich ratlos an, seine Frau nickt nur dazu.

Lottas neuester „Blödsinn" war, dass sie mit dem Briefkastenschlüssel der Familie versucht hatte, den Briefkasten der Nachbarin zu öffnen. Dabei ist der Schlüssel abgebrochen. Zum Ärger aller Beteiligten kam also noch der Schaden hinzu, das Briefkastenschloss austauschen lassen zu müssen. Aber warum hatte sie das getan? In ihrem Bemühen, keinen Blödsinn zu machen, wollte die Fünfjährige der Nachbarin eine Freude bereiten und ihr die Post an die Wohnungstür bringen. Ihren Eltern gegenüber wollte sie damit zeigen, wie hilfsbereit sie ist.

Lottas Geschichte zeigt uns, dass man einem Kind Gelegenheiten geben muss, um richtiges Verhalten lernen zu können. Weil Lotta keine Pflichten hat, nehmen ihre Eltern ihr die Möglichkeit, täglich zu beweisen, was sie schon alles richtig und gut machen kann. Es ist für ihr Selbstbild wichtig zu erfahren, dass sie gebraucht wird, nützlich ist und gelegentlich ein „Dankeschön" erhält.  Das sieht übrigens auch das Bürgerliche Gesetzbuch (BGB) so. In § 1619 heißt es: „Das Kind ist, solange es dem elterlichen Hausstand angehört und von den Eltern erzogen oder unterhalten wird, verpflichtet, in einer seinen Kräften und seiner Lebensstellung entsprechenden Weise den Eltern in ihrem Hauswesen und Geschäft Dienste zu leisten."

Für unsere Kleinen heißt das, es ist völlig in Ordnung, ihnen kleine, altersgemäße Verpflichtungen aufzubürden.

Dazu gehört zum Beispiel, immer wieder im Kinderzimmer aufzuräumen. Kita-Kinder können aber noch viel mehr: beim Tischdecken helfen, die Spülmaschine einräumen oder Staubsaugen. Sie würden vielleicht auch gerne beim Kochen und Backen helfen, weil sie in diesem Alter fast alles ausprobieren wollen. Natürlich ist ihre Hilfe nicht immer wirklich hilfreich, weil sie noch nicht perfekt sind, noch nicht perfekt sein können. Aber sie entwickeln dadurch Fähigkeiten, die nur durch Tun und Üben entwickelt werden können.

Mit der Aufforderung „Mach keinen Blödsinn!" richten Lottas Eltern ihre Aufmerksamkeit genau auf das, was NICHT sein soll. Kinder lernen richtiges Verhalten jedoch leichter, wenn ihre Bezugspersonen sie immer wieder für richtiges Verhalten loben. Das Prinzip „Erwische dein Kind beim Richtigen" ist viel effektiver, als es ständig auf Fehler hinzuweisen. Bei Lotta führte das Blödsinns-Verbot der Eltern zu einem regelrechten Stress, es nur ja recht machen zu wollen. Genau deswegen machte sie „Blödsinn". Aber wenn Eltern daraus lernen können, hat der Blödsinn doch noch seinen Sinn.

Kinder erfinden die Welt

Die Oma geht mit Enkelchen und kleinem Hund spazieren. Sie setzt sich auf eine Bank und genießt die Sonne. Das vielleicht fünfjährige Mädchen erkundet die Gegend und springt fröhlich herum. Schließlich hüpft es Schritte zählend zurück zur Oma: „..., 9, 10, 11, 14, 18, 19", und diese empfängt es lachend mit „20" und schließt es in ihre Arme.

Wie viele Erwachsene hätten an ihrer Stelle wohl gleich das „falsche" Zählen korrigiert!?
Diese Oma besaß jedoch genügend Weisheit, darauf gar nicht einzugehen. So konnten sich Zählen, Hüpfen, Sonne und die Liebe der Oma zu einem großen Glücksgefühl in dem kleinen Mädchen vereinigen. Es wird auch weiterhin mit Freude zählen und irgendwann merken, dass zwischen „11" und „14" noch zwei weitere Zahlen stecken und zwischen „14" und „18" sogar drei.

Das menschliche Gehirn wiegt beim Neugeborenen etwa 350 Gramm, während der Schädel eines erwachsenen Mannes ungefähr 1400 Gramm Gehirnmasse beherbergt. Männergehirne sind übrigens rund 100 Gramm schwerer als die von Frauen, aber das Gewicht hat nichts mit der Intelligenzleistung zu tun.
Im Laufe der Entwicklung eines Kindes legt das Gehirn vor allem an Fettmasse zu, die die Nervenfasern schützend umhüllt und für eine höhere Übertragungsgeschwindigkeit der Nervenimpulse sorgt.
Unser Denkapparat ist so angelegt, dass er ständig lernt. Seine Entwicklung beim Kind hängt von den Erfahrungen ab, die es mit Hilfe all seiner Sinne beim Entdecken der Welt macht. Kinder begreifen erst dann etwas Abstraktes, wenn das Gehirn

dank vielen Greifens nach Konkretem die entsprechenden Nervenstrukturen ausgebildet hat. Die Natur hat es sehr weise eingerichtet, dass kleine Kinder einfache Sachverhalte lernen können, komplizierte aber erst später im Leben. Will man sie mit Informationen belehren, für die ihre Gehirnstrukturen noch nicht reif genug sind, wird einfach nichts davon gelernt.

Hätte die Oma das Zählen korrigiert, hätte das kleine Mädchen das also noch gar nicht verstanden. Nachplappern wäre zwar möglich, aber das ist ja noch kein „Begreifen". Zusätzlich jedoch wäre die Freude am Zählen verloren gegangen. Das Kind hätte nur empfunden, dass es irgendwie falsch ist, denn es kann noch nicht zwischen „falsch zählen" und „falsch sein" unterscheiden. Darum führt ständiges Belehren nicht zu besserem Lernen, sondern eher zu Lernverweigerung und Motivationsverlust – Freude hingegen ist das „Vitamin F des Lernens".

Jedes Kind „erfindet" im Laufe seiner Entwicklung die Welt neu, denn niemand kann es ihm abnehmen, sich sein eigenes

Weltbild selbst zu gestalten. So wird auch unsere Fünfjährige bald richtig bis 20 und vielleicht sogar noch weiter zählen können. Was sie derzeit noch „falsch" macht, macht sie entsprechend ihrer Gehirnreifung völlig richtig. Jede Verfrühung beim Lernen durch Belehrung würde nur ihre normale, gesunde Lernfähigkeit stören.

Lernen und Bewegung

Ich sitze im Besuchersessel des Fitnessstudios und warte auf meine Frau. Mir gegenüber sitzt eine Mama mit ihrem vielleicht dreijährigen Sohn, dem es rasch zu langweilig wird. Gerne würde er sich die ganzen Trainingsgeräte anschauen, die ihn neugierig machen. Aber seine Mutter möchte das nicht, obwohl sich um diese Tageszeit fast niemand auf dem Parcours befindet. So lockt sie den Kleinen mit ihrem Smartphone, auf dem er sich eine Internetseite für Kinder anschauen darf. Er setzt sich neben sie, guckt und tippt auf dem kleinen Gerät herum und man merkt ihm schnell an, dass er keine Minute bei einer Sache bleiben kann. Er ist die personifizierte Unruhe.

Eigentlich ist das auch kein Wunder. Ein Dreijähriger will und muss sich viel bewegen, muss ständig unterwegs sein und alles untersuchen, was ihm unter die Augen kommt. Sich hinzusetzen und in Ruhe zu beschäftigen, das klappt noch nicht so richtig. In seinem Alter will ein Kind seinen Bewegungsradius vergrößern und die Chance nutzen, mehr vom Leben zu sehen als das, was man von einem Fleck aus wahrnehmen kann. In einem Fitnessstudio ist der Junge vermutlich zum ersten Mal in seinem Leben. Was könnte er da nicht alles an Neuem und Interessantem entdecken!

Der berühmte Pädagoge Jean-Jacques Rousseau schrieb schon 1778: „Übe unablässig den Leib, mache ihn kräftig und gesund, um ihn weise und vernünftig zu machen." Und vom griechischen Philosophen Aristoteles (4. Jhd. v. Chr.) stammt der Satz: „Das Leben besteht in der Bewegung."

Seit Jahrtausenden weiß die Menschheit, dass Bewegung nicht nur der körperlichen Fitness dient, sondern zugleich unverzichtbar für geistige Fitness ist. Schließlich braucht man

Bewegung, um seinen Standpunkt verändern zu können. Eine Sache sieht völlig anders aus, wenn man sie aus veränderter Perspektive betrachtet! Gehen Sie mal in die Knie, wenn Sie mit Ihrem Kleinkind sprechen, und betrachten Sie die Welt von dieser Sicht aus: Jeder Erwachsene wirkt wie ein Riese, die Klopapierrolle hängt fast vor der Nase und der Erdboden ist ganz nah. Das ist einer der Gründe, weshalb wir uns auf Augenhöhe mit dem Kind begeben sollten, wenn wir ihm etwas Wichtiges zu sagen haben. Nur dann fühlt es sich auch wirklich angesprochen und gemeint. Aber wie oft im Alltag reden wir „am Kind vorbei" oder „über seinen Kopf hinweg"! Ob eine Ansage ankommt oder nicht, ist von dieser Einsicht abhängig – wir Erwachsenen müssen daraus die Konsequenz ziehen, denn die Kleinen sind dazu noch nicht fähig.

Unser Dreijähriger jedenfalls wird durch das Handy seiner Mutter zum Stillsitzen verlockt – entgegen seinem eigentlichen Interesse! Aber er akzeptiert die Situation, weil der kleine Bildschirm eben auch Attraktionen zu bieten hat. Doch im Sitzen kann ein Kind seinen Körper nicht auspowern.

Durchschnittlich findet man heutzutage in jeder Kindergartengruppe drei Kinder, die mehr wiegen, als gesund ist. Zwischen drei und 17 Jahren sind rund 15 Prozent übergewichtig und fast die Hälfte davon ist adipös. Bereits 25.000 Kinder und Jugendliche in Deutschland leiden am Typ-1-Diabetes.

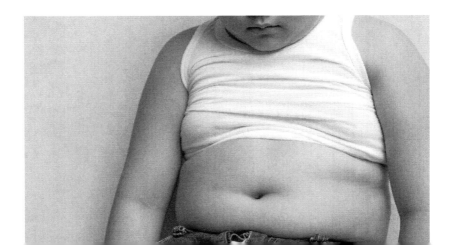

Hätte der Kleine im Fitnessstudio herumlaufen und sich alle Geräte anschauen können, hätte er alles interessant gefunden, ohne Ausnahme. Warum? Weil ein Kind sich nur das anschaut, was es interessiert, was seine Neugier herausfordert. So sucht sich der Mensch seine Welt zusammen. Er schaut hin, hat Fragen im Kopf und sucht nach Antworten, entwickelt Hypothesen und Erklärungen. Das gilt für kleine Kinder genauso wie für Erwachsene. Die Welt fordert unsere geistige Beweglichkeit, unsere Intelligenz, heraus und fördert sie damit. Wenn wir uns mit den Herausforderungen befassen, bilden sie uns. Schauen wir jedoch auf einen Bildschirm, *werden wir* mit seinen Inhalten *befasst*. Er gibt vor, wir schauen zu. Und unser Körper ist währenddessen nicht aktiv wie seinerzeit bei der Jagd, sondern hängt passiv im Sessel.

Eigentlich sollten wir uns von kleinen Kindern abschauen, wie gesundes Leben funktioniert. Ihre Neugier, ihre Umtriebigkeit, ihr unbändiger Aktivitätsdrang sind ein wunderbares Muster für eine positive Lebenshaltung. Sie können uns zeigen, wie wir mit viel Bewegung zu geistiger Beweglichkeit gelangen. Wer das wahrnimmt und für wahr hält, wird sein Kind nicht mehr mit dem Smartphone zum Stillsitzen verführen wollen.

Nur ein Bonbonpapierchen

Ein Mann sitzt auf der Bank am Spielplatz und schaut seinem Jungen beim Spielen zu. Da läuft der Kleine, er mag vielleicht vier Jahre alt sein, zu ihm hin und fragt nach einem Bonbon. Sein Papa gibt es ihm, der Kleine packt es aus, steckt es in den Mund und gibt das Bonbonpapier zurück. Papa sagt „danke" und wirft es über die Schulter hinter sich in den Sand.

Es ist selten genug und darum besonders schön, wenn ein Vater mit seinem Kind den Spielplatz besucht. Kinder brauchen nämlich auch Männer als verfügbare Bezugspersonen. Aber eigentlich spielt es in diesem Fall gar keine Rolle, ob Vater oder Mutter und um welche Nationalität es sich handelt. Es geht lediglich ums Vorbild.

Vorbild sind wir Erwachsenen für Kinder immer, ob wir es wollen oder nicht. Letztlich brauchen wir sie gar nicht zu erziehen, denn sie machen uns sowieso alles nach. Erzieherisch wirksam sind wir nämlich vielleicht zu zehn Prozent durch Worte, aber zu 90 Prozent durch unser Verhalten. Kinder lernen durch Imitation.

Weil das so ist, prägen unsere eigenen Verhaltensweisen das Verhalten unserer Kinder. Sind wir unordentlich, werden auch sie nicht aufräumen. Sind wir unhöflich, werden auch die Kleinen keine Manieren lernen. Können wir keine Termine einhalten, werden auch sie unzuverlässig. Andererseits aber können wir unseren Kindern einen guten Rahmen für ihr Leben bieten, wenn wir verlässlich sind. Das schließt nicht aus, dass wir auch mal Fehler machen. Aber gerade das zeigt ihnen ja, dass niemand perfekt sein kann. Wenn wir uns bei ihnen für einen Fehler entschuldigen, stärkt das sogar unsere Position bei ihnen. Ganz wichtig ist außerdem Humor. „Humor ist, wenn man trotzdem lacht", sagte schon meine Oma immer. Wer aus Missgeschicken noch einen Witz machen kann, zeigt seinen Kindern, dass auch noch so ausweglos scheinende Situationen bewältigt werden können.

Unser Spielplatz-Papa hätte aus dem Bonbonpapier auch einen Witz machen und es doch noch ordentlich entsorgen können.

„Na ja", denken Sie jetzt möglicherweise, „man muss doch aus einer Mücke keinen Elefanten machen. Es ist doch nicht schlimm, mal ein kleines Stück Papier fallen zu lassen. Daran geht die Umwelt nicht zugrunde." Richtig – am Bonbonpapierchen hängt das Wohl und Wehe unserer Erde nicht, aber an der unachtsamen Haltung gegenüber der Umwelt, die wir mit dem Wegwerfen zeigen.

Wenn das Verhalten des Vaters für ihn typisch war, wird der kleine Junge sein Modell nachahmen und Abfall bald selbst einfach zu Boden fallen lassen. Er hatte in dieser Situation auch keine Chance zu lernen, nach einer sinnvolleren Entsorgungsmöglichkeit zu suchen. Normalerweise finden wir Erwachsenen es „selbstverständlich", den Papierkorb zu benutzen.

Für ein Kind, dem man das nicht zeigt, versteht sich das nicht von selbst. Unser Papa hätte einfach fragen können: „Na, wo finden wir denn einen Papierkorb?"

Vermutlich hätte der Kleine dann sogar sein Papierchen gerne selbst hineingeworfen, denn in seinem Alter gilt noch das Prinzip „selber will".

Kommunikation trotz Medienzeitalter

Es ist immer ein erfreulicher Anblick, einen Papa mit Kleinkind im Kinderwagen spazieren gehen zu sehen. Aber diesmal gerate ich in Zweifel: Der junge Vater schiebt den Wagen mit Blickrichtung des Babys nach vorne. Weil das Verdeck hochgestellt ist, kann es keinen Blickkontakt zwischen ihm und dem Kind geben. Und dann drückt er sich noch die Stöpsel seines MP3-Players in die Ohren ...

Sicher - dieser Papa tut etwas für seine Familie. Er entlastet seine Frau und geht mit dem Kind spazieren. Er bringt es an die gesunde frische Luft und bewegt sich dabei auch noch selbst. Ist es dann nicht ganz verdient und recht, wenn er dabei seine Lieblingsmusik hört? Schließlich leben wir im Medienzeitalter, da gehören solche Dinge doch zum Alltag.

Aber so einfach ist es nicht, denn ein Baby ist eben keine Sache, die man gelegentlich durch die Gegend schiebt, sondern ein Mensch. Menschenbabys brauchen für ihre gesunde Entwicklung Beziehung, Bindung, Kommunikation, Zuwendung. Auch wenn das Baby noch nicht sprechen kann, kommuniziert es mit seinen Eltern: über Blickkontakt, Laute, Gebrabbel, Mimik und Gestik. Das Baby im Kinderwagen braucht die Möglichkeit, mit seinem Papa in Kontakt zu treten, ihn anzuschauen und vielleicht ein „dadada-Zwiegespräch" zu führen. Es möchte ihn sehen und hören, sonst fühlt es sich einsam und ausgesetzt. Es „weiß" ja nicht, dass der Papa hinter seinem Kopf geht und den Wagen schiebt. Aber Papa sieht nicht, ob das Baby seinen Blick sucht, und er hört es auch nicht gleich, denn er hat die Stöpsel im Ohr. Das ist nichts weniger als verpasste Frühestförderung!

Gleichzeitig kann die Sitzrichtung nach vorne für Kleinkinder im Buggy eine emotionale Überforderung, einen extremen Stress darstellen. Auf https://vimeo.com/10581078 hat man die Möglichkeit, eine rund zehnminütige Tour vom Parkplatz aus und durch Geschäfte aus der Kinderwagenperspektive mitzuerleben. Diese kleine Fahrt sollte man sich nicht entgehen lassen. Die einfachen Bilder machen jedem verständlich, dass die Blickrichtung nach vorne höchst ängstigend sein kann, während die Sicht zur schiebenden Person wesentlich beruhigender wäre. Schließlich kann man schon mit einem liebevollen Blick oder einem Lächeln, zumindest mit wenigen Worten seinem verunsicherten Kleinkind mehr Sicherheit vermitteln. Wenn wir uns dann noch bewusst machen, dass Kleinkinder in der Fremdelphase etwa ab dem achten Monat besonders ängstlich reagieren und die beschützende Nähe von Mama oder Papa immer wieder und dringend brauchen, sollte uns einleuchten, dass im Regelfall erst ab etwa zwei Jahren die Blickrichtung nach vorne problemlos möglich ist.

Vielleicht überzeugt Sie zusätzlich noch eine wissenschaftliche Studie von Dr. Suzanne Zeedyk, Universität Dundee (Schottland). Sie untersuchte das Verhalten von mehr als 2700 Eltern-Kind-Paaren beim Schieben des Kinderwagens. Etwa zwei Drittel schoben ihr Kleinkind mit Blickrichtung nach vorne. Diese Eltern sprachen ihre Kinder nicht einmal halb so oft während der Fahrt an wie die anderen, die Blickkontakt mit ihnen hatten. Bei Blickkontakt lachten die Kinder mehr als zehnmal so oft wie die anderen, weinten seltener und schliefen öfter während der Fahrt ein. Messungen der Herzfrequenz zeigten zudem, dass die vorwärts geschobenen Kinder mehr Stress empfanden.

Der Papa vom Anfang dieser Geschichte weiß vermutlich all das nicht. Wer das weiß, wird sich anders verhalten, da bin ich mir sicher. Aber der Alltag bietet uns viele Situationen, in denen wir im Zwiespalt sind, ob gerade das Kind Vorrang hat oder ein Medium. Allzu oft wenden wir uns nicht dem Kind zu, etwa wenn das Handy klingelt, beim Fernsehen oder einer Beschäftigung am Computer. Stören die Medien nicht viel zu oft unsere Beziehung zum Kind?

Vom Hinfallen und Aufstehen

Man sieht es häufig: Ein kleines Kind, noch nicht ganz sicher auf seinen zwei Beinchen, fällt hin – und sofort eilen Mama oder Papa herbei, um es wieder aufzuheben.

Auch eben wieder kann ich das beobachten, als ein kleiner Junge mit seinem Laufrad umfällt. Eigentlich ist er noch zu klein, denn er sollte erst sicher laufen können, bevor er das Training von Gleichgewicht und Tempo aufnimmt. Aber nun liegt er also da, halb unter dem Rädchen begraben, und verhält sich ganz still. Weder weint er noch bemüht er sich, aus seiner misslichen Lage herauszukommen. Er wartet. Es dauert auch nur wenige Augenblicke, bis sein Papa bei ihm ist, ihn aufhebt und auf die Füße stellt.

Wenn man den Umgang mit Kindern bei Naturvölkern beobachtet, stellt man fest, dass sie alle das Laufen lernen, ohne dass jemand es mit ihnen „trainiert". Sie robben herum und irgendwann krabbeln sie, wie unsere Babys auch, und schließlich fangen sie an, sich auf ihre Beinchen zu stellen. Natürlich fallen sie häufig hin, anfangs vor allem. Aber mit zunehmender Übung werden sie geschickter und können schließlich laufen. Das Adjektiv „tüchtig" kommt vom Verb „tun"; wer selbst etwas tut, wird tüchtig.

Selbst etwas zu tun bedeutet eben auch, alles Mögliche auszuprobieren. Schon Babys lernen ganz selbstständig, sich herumzudrehen oder das Krabbeln. Wie machen sie das? Sie probieren einfach aus und versuchen es immer und immer wieder. Noch haben sie eine hohe Frustrationstoleranz. Bei Naturvölkern behalten sie die auch. In unseren Breiten verlieren sie sie unter Umständen relativ rasch, je nachdem, wie oft wir – ihnen helfen! Beim Laufen lernen fangen die Kleinen an, sich selbstständig am Tischbein hochzuziehen, bis sie stehen können. Wenn das klappt, beginnen sie, um den Tisch zu laufen und fallen dabei immer wieder auf ihren Po. Sie müssen das Gleichgewicht trainieren, die Fußstellung koordinieren und ihren Schwung dosieren. Es dauert etliche Wochen, vielleicht sogar Monate, bis sie die ersten freien Schritte schaffen – aber dann sind ihre Muskeln stark genug geworden. Dann können sie uns in die Arme laufen und gewinnen mit weiterer Übung an Sicherheit.

Lauflernhilfen sind übrigens, so gut gemeint sie auch sind, keine Hilfe. Sie erhöhen das Unfallrisiko und behindern die motori-

sche Entwicklung von Babys. Sie können nicht nur Fehlstellungen der Füße wie auch der Wirbelsäule verursachen, sondern sogar Muskelverkürzungen erzeugen. Nicht nur „Babywalker" und „Gehfrei", „Gängelwagen" oder „Lauflernschule" sind überflüssig bis schädlich, sondern auch der „Lauflernwagen". Wenn das Kleinkind ihn schiebt, wird die Koordination der Armbewegungen beim Laufen verhindert. Das Gehen und Laufen ist eben nicht nur eine Sache der Beine, sondern Aufgabe der gesamten Körperkoordination.

So, wie Kinder das Laufen am besten ohne jegliches Gerät lernen, sollten wir sie auch ganz selbstständig den Umgang mit Laufrad, Roller, Fahrrad usw. üben lassen. In unserem Kulturkreis hat man die Vorstellung, wir müssten unseren Kindern alles „beibringen", anstatt sie es sich holen zu lassen. Dabei nehmen wir ihnen viel zu viel an eigenem Tun ab, obwohl die Fähigkeit zum selbstständigen Lernen auch in unseren Genen steckt. Kinder können sich fast alles selbst beibringen, durch Nachahmen, aber auch durch Versuch und Irrtum. Die vielen Fehler, die sie beim Versuchen anfangs machen, weisen ihnen den Weg, um zunehmend geschickter und tüchtiger zu werden. Der Papa vom Anfang, der seinen passiv wartenden Jungen rasch wieder auf die Füße stellt, verhindert damit, dass der Kleine sich selbst ertüchtigt.

Zwischen Lust und Vernunft

„Ist es nicht eigentlich seelische Grausamkeit, wenn ich meinem Sohn nach einer bestimmten Zeit den Fernseher ausmache?" Die Mutter, die mich das in der Diskussion nach meinem Vortrag im Kindergarten fragt, drückt eine ernsthafte Sorge, denn: „Er will das doch nicht und wehrt sich energisch dagegen."

Manche Kinder wehren sich tatsächlich sehr energisch dagegen, wenn Eltern beim Fernsehen oder Computerspielen irgendwann den roten Knopf betätigen. Da kommt es dann schon einmal zu einem heftigen Konflikt, zu Wutausbrüchen, Türenknallen und Tränen.

Dieser Widerstand hat allerdings nichts mit seelischer Grausamkeit der Eltern zu tun, sondern ist lediglich Ausdruck der

Enttäuschung über die Beendigung eines lustvollen Zustands gegen den eigenen Willen.

Wenn Eltern den Aus-Knopf betätigen, tun sie das schließlich nicht, um ihr Kind zu quälen, sondern um es vor den Folgen seiner Unvernunft zu schützen.

Zu viel Bildschirmkonsum schadet. Er beeinträchtigt das Schlafen und die Entwicklung der später so wichtigen Konzentrationsfähigkeit. Er begünstigt Übergewicht und Krankheiten.

Aber was ist denn eigentlich der grundsätzliche Hintergrund eines elterlichen „Ja" oder „Nein"?

Wir erlauben oder verbieten etwas ja (hoffentlich!) nicht aus reiner Willkür, sondern weil wir die Bedürfnisse des Kindes im Blick haben – und unsere eigenen mit!

Bedürfnisse sind etwas anderes als Wünsche. Durst beispielsweise ist ein Bedürfnis, aber Cola trinken zu wollen ist ein Wunsch. Deswegen ist es notwendig, seinem Kind Wasser anzubieten, aber es wäre absolut richtig, ihm die Cola zu verweigern.

Das „Nein" ist ein Wort mit sehr positiven Wirkungen. Es schützt das Kind beispielsweise vor Gefahren, wenn man ihm nicht erlaubt, auf die Straße zu rennen. Es hilft ihm, gute Gewohnheiten zu entwickeln, wenn man ihm verbietet, anderen etwas wegzunehmen oder ihnen weh zu tun. Es gibt ihm zu verstehen, dass die Mama auch ein Recht auf ihre Bedürfnisse hat, wenn sie etwa gerade nicht mit ihm spielen will, um sich mal eine halbe Stunde auszuruhen.

Gleichzeitig lernt ein Kind auf diese Weise, selbst „nein" zu sagen, wenn es etwas nicht will, denn es lernt vor allem, indem es uns imitiert. Solange es etwas nicht muss, darf es natürlich auch ablehnen. Wenn es beispielsweise sein Zimmer aufräumen soll, weil wir Staubsaugen wollen, können wir überlegen, ob wir das Nein akzeptieren und jetzt nicht saugen, oder ob es keine Alternative gibt.

Im zweiten Fall müssten wir unserem Nachwuchs erklären, warum das Aufräumen und das Saugen jetzt unbedingt erforderlich sind, bevor wir darauf bestehen.

Dass Kinder solche Zusammenhänge oft nicht einsehen können und wollen, liegt in der Natur des Kindseins. Sie müssen im Laufe des Heranwachsens erst nach und nach lernen, ihre Vernunft zu entwickeln. Dazu brauchen sie Eltern, die einen vernünftigen Standpunkt vertreten. Nur die Auseinandersetzung mit festen elterlichen Positionen ermöglicht es den Kleinen, eigene Positionen zu entwickeln und ihre Identität auszubilden. Das schließt natürlich „Verhandlungen" und gelegentliche Kompromisse nicht aus. Aber Eltern, die den Konflikt mit ihrem Kind regelmäßig scheuen, beeinträchtigen damit seine seelische Reifung. Die soll es ihm schließlich ermöglichen, selbst angemessene Entscheidungen zwischen Vernunft und Lust treffen zu können.

Kinder sind Philosophen

Die 2003 verstorbene Theologin Dorothee Sölle hinterließ eine Anekdote von ihrer vierjährigen Enkeltochter. Als sie dem Kind etwas aus der Zeit vor seiner Geburt erzählte, fragte dieses, wo es denn damals war.

„Da warst du noch nicht da", antwortete sie.
„Aber wo war ich?", beharrte das Kind.
„Vielleicht warst du versteckt", meinte die etwas ratlose Oma.
„Klaro", rief die Kleine aus, „da war ich in Gott versteckt!"

Hätte man eine bessere Antwort auf diese philosophische Frage nach der Existenz vor der Existenz geben können? Wohl kaum! Und dazu muss ein Kind auch nicht eine Theologin zur Oma haben. Alle Kinder stellen solche Fragen wie die Vierjährige aus dieser Geschichte. „Ist mein Goldhamster jetzt auch im Himmel wie der Opa?", fragte etwa der fünfjährige Jan seine Eltern, nachdem sie gemeinsam sein geliebtes Tierchen in einem Schuhschachtel-Sarg im Garten beerdigt hatten.

Solange ein Kind wissbegierig ist, wird es Fragen stellen, möglicherweise über 100 in einer Stunde, wie eine amerikanische Studie mal herausgefunden haben soll. Eine britische Studie zählte 400 Fragen am Tag; vierjährige Mädchen waren dabei am neugierigsten. Darüber sollten Eltern nicht klagen, denn Neugier und Wissbegierde sind die Grundlagen wissenschaftlichen Denkens.

Wie viel wiegt die Seele? Können Tiere träumen? Warum machen Menschen Krieg? Es gibt keine dummen Fragen! Und es gibt nichts, worüber sich Kinder nicht Gedanken machen. Was sie dabei brauchen, sind Gesprächspartner, die weder mit fertigen Antworten aufwarten noch ihre Fragen mit einem „Davon verstehst du noch nichts" abfertigen, sondern sich Zeit für sie nehmen, zuhören können und zum Denken ermutigen.

Warum die Banane krumm ist, fragen Kinder beispielsweise fast alle irgendwann. Sollten Sie das nicht wissen, ist das nicht schlimm – es gibt ja schließlich Internet und in manchem Haushalt sogar ein altmodisches Lexikon. Es wäre höchst positiv, sagen zu können: „Du, das weiß ich selbst nicht. Da müssten wir mal nachschauen." Erst könnten Kind wie Erwachsener Vermutungen anstellen, bevor sie beim Nachlesen erfahren, dass die seitlich aus der Staude herauswachsende Banane sich immer in Richtung Sonne streckt, um möglichst gleichmäßig Licht abzubekommen.

Ganz nebenbei: Es gibt ein Internet-Lexikon für Kinder: www.klexikon.de. Darin findet man einen sehr ausführlichen und (wie alle Artikel) kindgerecht formulierten Beitrag über die Banane sowie über 2.800 weitere Erklärtexte. Aber für Vorschulkinder wäre ein gedrucktes Buch viel anschaulicher. Es gibt solche Nachschlagewerke ab drei, vier Jahren, ob von Ravensburger oder Duden. Sie helfen uns bei der Medienerziehung, weil sie Kinder erfahren lassen, dass man Antworten auf seine Fragen in Büchern findet.

Und was könnten wir sagen, wenn wir gefragt werden, wo denn beim Baum hinten und wo vorn ist?

Wenn Erwachsene so etwas diskutieren, ist vielleicht schon viel Alkohol geflossen. Aber von Kindern ist diese Frage sehr ernst gemeint. In solch einem Fall brauchen wir gar nicht herumzueiern, sondern könnten einfach sagen: „Das ist eine interessante Frage – was meinst du denn dazu?"

Und so, wie es keine dummen Fragen gibt, gibt es auch keine dummen Gedanken, sondern stets nur eigene. Sie führen zwar manchmal in die Irre, aber irgendwann merkt ein Kind das und korrigiert sich. Und wenn es neue Tatsachen erfährt, versucht es, diese in sein Konzept von der Welt einzuordnen, wenn man es lässt. So konstruiert jedes Kind die Welt neu – das ist das Besondere an der menschlichen Intelligenz.

Liebhaber

Die vierjährige Leni fragt: „Mama, was issen ein Liebhaber?"
Ihre Mama erschrickt ein wenig. Beim Wort „Liebhaber" denkt sie – wie wir normalerweise auch – zuerst an einen Sexpartner und seine Qualitäten im Bett. Und gar nicht selten gibt es Liebhaber, ohne dass Liebe im Spiel wäre. Soll sie das erklären?
Doch Leni klettert erst einmal auf Mamas Knie, schlingt die dünnen Ärmchen um ihren Hals und drückt sie ganz fest. „Ich hab' dich soooo lieb", sagt sie und zieht dabei das „soooo" mindestens drei Meter lang.

Leni und all unsere Kinder – sie sind die wirklichen Lieb-Haber auf dieser Welt, denn sie haben uns bedingungslos lieb. Sie können gar nicht anders – wir sind ihre einzige Mama, ihr einziger Papa. Das bedeutet eine riesige Verantwortung. Aber Angst davor müssen wir nicht haben, denn Leni und die anderen haben ein großes Herz und können viel verzeihen.

Kinder brauchen Eltern, die sie mit ihren Gefühlen annehmen können – egal, ob sie Ärger, Wut, Trauer oder Angst zeigen. Wenn unsere Kleinen immer zu uns kommen, unabhängig von ihrem jeweiligen Problem, ist das ein positives Zeichen. Es zeigt, dass sie uns als sichere Helfer in jeder Not erleben.

Sie brauchen unsere Akzeptanz, unser Zuhören ohne Überreaktion. Sie brauchen uns als ihren „Fels in der Brandung", der sie nicht verurteilt, wenn sie einen Fehler gemacht haben, sondern kritische Rückmeldung gibt, ohne sie abzuwerten oder willkürlich zu bestrafen. Sie brauchen unsere Grenzen und Regeln, damit sie sich geliebt und wertgeschätzt fühlen können, auch wenn sie mal dagegen verstoßen. Und nicht zuletzt brauchen Sie uns, wenn wir uns mal falsch verhalten haben oder uns schlimme Worte entschlüpft sind. Dann brauchen sie eine

Erklärung unseres Verhaltens und eine Entschuldigung – und genau auf diese Art und Weise lernen sie, sich selbst zu entschuldigen, wenn sie einen Fehler gemacht haben.

Wenn unser Kind in den Kindergarten und später in die Schule geht, bekommen wir Konkurrenz. Was Erzieherin Bärbel oder Lehrerin Frau Schulze sagen, hat oft mehr Gewicht als unser Wort. Aber aus unserer Mama- oder Papa-Rolle können diese uns trotzdem nicht verdrängen, nie. Selbst wenn die Kinder uns in der Pubertät ihren Hass wegen irgendeines Verbotes ins Gesicht schreien und die Tür knallen, haben sie uns lieb, denn sie wissen ganz genau, dass wir ihre einzige Mama, ihr einziger Papa sind, die bedingungslos zu ihnen stehen. Sie brauchen trotzdem im Schul- und Jugendalter weitere erwachsene Bezugspersonen, um ihre Identität und Persönlichkeit zu entwickeln. Sie sind wichtig für sie, weil sie ihnen über das Elternhaus hinaus Werte und Haltungen vermitteln und Interessen und Motivationen fördern können.

Jetzt aber sitzt Leni auf Mamas Schoß und drückt sie, und Mama drückt sie gleichfalls ganz fest und sagt: „Du bist ein Lieb-Haber, weil du mich so lieb hast!"

Designerkind

In den Sommermonaten komme auch ich mal wieder dazu, durch die Kaufhäuser in der Innenstadt zu bummeln.

Während ich mich in einem Straßencafé ausruhe, nimmt nebenan eine modisch gekleidete junge Frau mit ihrem Töchterchen Platz. Auch sie waren shoppen, wie die prall gefüllten Plastiktüten verraten.

Die Kleine mag sechs Jahre alt sein und trägt fast Partnerlook mit ihrer Mama: Lackschuhe, Designer-Jeans mit modischen Strassapplikationen und ein schickes Top. Sogar eine Sonnenbrille hat die Kleine auf, die sie sich jetzt tatsächlich, genauso wie ihre Mutter, auf die Stirn hochschiebt. Sie wirkt fast wie sechzehn, wenn sie nicht so klein wäre und beim Eisessen eine Zahnlücke offenbarte.

Und dann verrät sich das Kind in ihr, als es sie nach dem Eis zur Wasserpumpe mit gusseiserner Figurengruppe in der Mitte der Fußgängerzone zieht, wo andere Kinder spielen und sich lustvoll gegenseitig nassspritzen. „Pass auf, mach dich nicht schmutzig!", ruft die Mama ihr hinterher.

Designermode für die Kleinsten liegt voll im Trend. Gucci, Armani, Hermès, Versace, Dior, Dolce & Gabbana – sie alle bieten eigene Linien für Mädchen und Jungen an.

Dass Mädchen stilistisch mit der Mutter gleichziehen, wird unter dem Begriff Mummy-and-me-Look gefasst. Aber all das hat nichts mit kindgerechter Kleidung zu tun. Es ist schlicht und einfach ein übersteigertes Geltungsbedürfnis der Eltern, das sich hier zeigt. Der Markt für Babyausstattung und Kinderwagen boomt bei den hochpreisigen Artikeln mehr als im Normalpreissegment.

Frau kann Eindruck machen, wenn sie eine sehr teure Handtasche mit sich herumträgt – und ihr dazu passend ausstaffiertes Kind soll diesen Eindruck noch verstärken.

Aber was ist mit der „Alltagstauglichkeit" von Kinderkleidung? Kinder von Stars haben vermutlich keinen Alltag, zumindest nicht vor einer Kamera. Normale Kinder jedoch spielen auf der Straße, wollen auf den Spielplatz, wälzen sich auf dem Fußboden oder kicken auf dem Rasen. Das alles funktioniert nicht fleckfrei – muss es auch nicht. Kinder müssen klettern, toben, bauen, raufen, turnen oder im Sand buddeln, weil das für ihre motorische, soziale und intellektuelle Entwicklung einfach notwendig ist. Wer will, dass sein Kind später tüchtig ist und einen guten Beruf ausüben kann, muss es tun und machen, muss es frei spielen lassen – ob in edlen oder in Second-Hand-Klamotten.

Unsere Kleine vom Anfang soll also eigentlich kein lebenslustiges kleines Mädchen sein. Glücklicherweise ordnet sie sich nicht völlig unter. Wie alle Kinder muss auch sie die Welt entdecken – dafür sind Designerklamotten ausgesprochen schlecht geeignet. Sie muss, so wie die anderen Kinder an der Wasserpumpe, alles tun können, was sie glücklich macht, selbst wenn die Kleidung schmutzig wird! Kinder sind nicht dazu da, als unser Abbild das Gefühl von Jugendlichkeit zu verlängern, das wir Erwachsenen gerne für immer konservieren wollen. Sie sind auch nicht dazu da, unserer Wunschvorstellung von ihnen zu entsprechen. Sie haben ein Recht auf ihre eigene Identität. Eine starke Persönlichkeit können Menschenkinder nur entwickeln, wenn sie sie selbst sein und sich – in sozialen Grenzen – abgrenzen dürfen. Eltern, die sich selbst wie Jugendliche geben und ihre Kinder zu kleinen Erwachsenen machen, beeinträchtigen nur deren gesunde Persönlichkeitsentwicklung.

Frühförderung in Eigenregie

Die beiden Schwestern mögen drei und fünf Jahre alt sein. Ihre Eltern sitzen in einem holländischen Strandcafé und genießen einen Eisbecher, während die Kleinen es davor auf der Promenade interessanter finden.

Die Ältere hält einen Plastikstrohhalm in der Hand, dessen oberer Abschnitt abgewinkelt ist. Bald findet sie heraus, wie der umgedrehte Strohhalm durch das Gegeneinanderreiben der flachen Hände zu einem Quirl wird. Sie hält das abgewinkelte Ende in eine Pfütze und bringt sie durch Quirlen in Bewegung, was ihr sichtlich Spaß macht. Erst testet sie aus, wie verschiedene Eintauchwinkel die Bewegungen der Wasseroberfläche verändern, dann besorgt sie sich bei ihren Eltern einen zweiten Halm, so dass ihr Quirl nun noch besser funktioniert.

Währenddessen scheint die Dreijährige vom Tapsen mit den Füßen in eine andere Pfütze fasziniert zu sein. Mal tapst sie am Rand hinein, mal in der Mitte, mal mit der Fußspitze, dann mit der ganzen Sohle. Darüber vergisst sie fast das Eis in ihrer Hand, bis schließlich der Papa hinzukommt und ihr beim Aufessen hilft.

Die beiden Mädchen machen nichts Geringeres als physikalische Experimente. Wer dazu im Internet recherchiert, findet unglaublich viele Anregungen auf unzähligen seriösen Webseiten und selbstverständlich auch entsprechende Filme auf YouTube. Die Anregungen für Kinder, alles Erdenkliche nachzumachen, sind schier unendlich. Doch unsere beiden Kleinen unternehmen EIGENE Versuche! Sie kommen spontan und von selbst auf ihre Ideen, einfach so im Alltag.

Für uns Erwachsene ist die Welt, wie sie ist. Wir lassen uns kaum noch überraschen. Wer cool ist, kennt (fast) alles oder tut zumindest so. Kinder jedoch sind ungeniert „neugierig" – gierig auf alles, was ihnen neu ist. Und als Kind ist einem alles Mögliche neu, verlockt zum Anschauen, Anfassen, Untersuchen und Ausprobieren. Das ist die Art und Weise, wie wir Menschen die Möglichkeiten entdecken, die das Leben bietet. Und da das jedes Kind für sich tut, entdecken sie alle unendlich viel, jeden Tag Neues, Überraschendes – genauso, wie jeden Tag ständig neue Fragen auftauchen, auf die sie gerne Antworten hätten. Jedes Menschenkind baut sich auf diese Weise sein eigenes Bild von der Welt zusammen. Es erfindet die Welt selbst.

Unsere beiden Mädchen brauchen für ihre physikalischen Experimente lediglich sich selbst, eine geeignete Umgebung, den einen oder anderen Alltagsgegenstand und – Eltern, die sie lassen können. Wer das Spritzverhalten von Wasser durch das Tapsen in Pfützen untersucht, lernt eine Menge über Reiz und

Reaktion und trainiert gleichzeitig die motorische Auge-Fuß-Koordination. Das Quirlen des Wassers verlangt einige motorische Geschicklichkeit und übt die Auge-Hand-Koordination. Es erfordert Beobachten, Schlussfolgern und Verändern der Untersuchungsbedingungen. Es ist spannend und stärkt damit die sachbezogene Neugier. Es vermittelt eigene Erfahrungen auf mehreren sinnlichen Ebenen und löst Erfolgsgefühle aus, was wiederum die Lernmotivation fördert. Freies Spiel im Freien ist die beste Frühförderung, die Eltern ihren Kindern bieten können!

Abi 2038?

„Wir kriegen doch demnächst unser Kind", sagt mein Bekannter. „Da will ich meine Frau mit was Lustigem überraschen. Im Internet habe ich Strampler gesehen mit dem Aufdruck ‚Abi 2039' Aber jetzt werden die Kleinen ja oft schon mit fünf Jahren eingeschult, wäre da ‚Abi 2038' nicht realistischer?"

Pascal, mein Bekannter, ist wirklich ein netter Kerl, liebevoller Ehemann und sicher demnächst auch ein verantwortungsbewusster und Windeln wechselnder Papa. Er freut sich riesig mit seiner Frau über den erwarteten Nachwuchs – Leano soll ihr Kleiner heißen.

Der künftige Vater ist ein enorm fleißiger „Aufsteiger" über den zweiten Bildungsweg und arbeitet auf der unteren Management-Ebene eines großen Autoherstellers. Er leidet darunter, kein „richtiger" Akademiker zu sein, wie die meisten seiner

Kollegen. Dieses Schicksal soll Leano erspart bleiben. Pascal will von Anfang an dafür sorgen, dass sein Sohn den direkten Weg nehmen und sozial weiter aufsteigen kann als er. Der Karriereplan ist perfekt.

Ich frage mich jedoch, was Leano später dazu sagen wird. Vielleicht wird er auf dem geplanten Weg überhaupt nicht glücklich, sondern hat ganz andere Interessen, möchte Handwerker oder Künstler werden? Vielleicht wird er es nicht aushalten, ständig daraufhin überprüft zu werden, ob er auf dem geplanten Weg „im Soll" liegt? Vielleicht wird er Lernstörungen entwickeln, weil er nicht lernen darf, wie es ein kindliches Bedürfnis ist, sondern lernen muss, wie der Plan es vorsieht?

Eltern sollten sich möglichst von Anfang an über ihre Erwartungen an das Kind klarwerden. Bei den bewussten geht das relativ einfach, aber bei den unbewussten ist es schwieriger.

Sollte es später einmal zu Schulschwierigkeiten kommen und eine schulpsychologische Beratung beansprucht werden, wird in den Gesprächen zum Problem des Kindes danach gesucht werden. Viel besser wäre es jedoch, Eltern versuchten von Anfang an, sich über ihre Hoffnungen, Wünsche und Vorstellungen Rechenschaft abzulegen. Erwartungen können negativ wirken, wenn Kinder sie nicht zu erfüllen vermögen. Sie bieten aber auch große Chancen, wenn sie sie herausfordern, sich selbst Ziele zu setzen, die erreichbar sind.

Positive Erwartungen bedeuten elterliches Zutrauen in die Fähigkeiten der Kleinen. Das stärkt ihre Leistungsmotivation, weil sie sich von Hoffnung auf Erfolg getragen fühlen können. Aber dieses Zutrauen muss auf einer realistischen Sicht des Kindes, seiner Möglichkeiten, Vorlieben und Talente beruhen, nicht auf der elterlichen Wunschperspektive. Das erfordert den ständigen Versuch, die eigenen Vorstellungen und Hoffnungen zu erkennen. Gleichzeitig gilt es, die Suche des Kindes nach seinem Weg zu unterstützen.

Gerade deswegen sollte Pascal sein noch nicht einmal geborenes Kind erst einmal zur Welt kommen lassen. Offenbar hat er vergessen, dass neues Leben ein Geschenk ist, das wir mit Demut und Dankbarkeit annehmen, aber nicht verplanen sollten. Wenn wir unsere Kinder aufmerksam begleiten, ihnen die emotionale Sicherheit eines liebevollen Familienlebens geben und WERT-volle moralische Standpunkte vertreten, tun wir alles, damit sie sich optimal entfalten können.

Starke Kinder sagen nein – auch zum Nikolaus

„Aber du musst doch keine Angst haben", beruhigt der Werbe-Nikolaus im Einkaufszentrum die Kleine. „Ich will dir doch nur was schenken", versucht er sie dazu zu verlocken, sich mit ihm fotografieren zu lassen. Ihre Eltern haben deswegen schon 10 Minuten mit ihr in der Schlange gewartet. Doch jetzt versteckt das Mädchen sein Gesicht in Mamas Mantel.

Solche Szenen spielen sich in den Adventstagen täglich tausendfach in Kaufhäusern und Fußgängerzonen ab. Die meisten Kinder wollen gerne etwas geschenkt bekommen und lassen sich lachend mit dem jahreszeitlich passend verkleideten Mann fotografieren. Aber manche wehren sich und haben Angst vor dem Fremden mit dem hinter einem wallenden Bart versteckten Gesicht. „Du musst doch keine Angst haben", heißt es dann von allen Seiten, auch von Mama und Papa. Aber das Kind hat Angst. Und sie steigt noch, wenn es gegen seine Angst gezwungen wird, etwas zu tun, womit es sich gar nicht wohl fühlt.

Ist das nicht verrückt? Landauf, landab werden Präventionsprogramme unter dem Motto „Starke Kinder sagen nein" veranstaltet. In Kindergärten und Schulen tun pädagogische Fachkräfte alles erdenklich Mögliche, um Kinder vor den Gefahren des Missbrauchs zu schützen. Die meisten Missbraucher kommen übrigens aus dem persönlichen Umfeld der Kinder und sind ihnen dementsprechend bekannte, oft nahestehende Menschen. Darum ist der entscheidende Schutzfaktor für Kinder ihr Gefühl, dass etwas nicht stimmt. Sie müssen auch nein sagen dürfen, wenn die selten zu Besuch kommende Tante oder der Opa ihnen einen liebevoll gemeinten Schmatz auf die Backe drücken wollen.

Und wir müssen uns gar nicht wundern, dass unsere Kleinen gelegentlich so ablehnend sind. Die „schwarze Pädagogik" ist zwar schon lange entlarvt, aber immer noch im Schwange. Oder wie würden Sie es interpretieren, wenn junge Eltern ihren kleinen Kindern drohen, der Nikolaus würde ihnen keinen Teller mit Süßigkeiten bringen, wenn sie nach dem Gute-Nacht-Ritual wieder aus dem Bett kämen? Wie finden Sie Weihnachtswichtel-Briefe im Kindergarten, in denen den Kleinen vor allen anderen neben positiven auch ihre kritischen Verhaltensweisen vorgelesen werden – samt der Drohung, sie bekämen möglicherweise keine Weihnachtsgeschenke, wenn sich das nicht rasch bessere?

Ob Weihnachtsmann oder Nikolaus – trotz allen modernen Denkens geben wir diesen männlichen Repräsentanten des Erziehens neben ihrem gutmütig wirkenden Outfit auch die

Macht des eventuell Strafenden. Vielerorts begleitet den Nikolaus bei Hausbesuchen auch heute noch ein Knecht Ruprecht, der schmutzig ist, mit Ketten rasselt und den Kindern droht, sie in den Sack zu stecken und mitzunehmen. „Der Weihnachtsmann sieht alles" – eine fürchterliche Drohung für Kinder, während die Eltern heimlich hinter vorgehaltener Hand lachen.

Glücklicherweise wird solch ein Erziehungsgebaren zwar (viel zu langsam) seltener, aber es kommt immer noch vor. Die Anfangssituation macht deutlich, dass die Tendenz, ein Kind zu seinem „Glück" zu zwingen, auch heute noch verbreitet ist. Wie viele Fotos, auf denen ein verängstigtes Kind weint, werden jahrzehntelang immer wieder mit dem Kommentar gezeigt: „Guck mal, wie du dich damals angestellt hast." Wenn es auch noch so ein „süßes" Foto würde, ob mit Nikolaus, Osterhase oder Tante Tinchen – hier beginnt der Missbrauch, und Kinder haben ein Recht auf ihr Nein!

Ein guter Vorsatz

Frau R. hat Tränen in den Augen, als sie mir vom Silvesterabend erzählt: „Ich fragte Bennie, ob er sich auch etwas Gutes fürs neue Jahr vorgenommen hätte. Wissen Sie, was er antwortete? ‚Ich nehme mir vor, dass du nicht mehr mit mir schimpfen musst.' Da fiel es mir wie Schuppen von den Augen."

Wen hätte eine solche Antwort nicht zu Tränen gerührt? Ben ist gerade sechs Jahre alt geworden und kommt im Sommer in die Schule.
Seine Mutter fühlt sich häufig überfordert und gestresst. Daher kommt es, dass sie oft ungeduldig ist, schimpft und gelegentlich schreit, weil der Junge einfach nicht so „funktioniert", wie es ihr lieb wäre. Dabei ist Ben ein ganz normales Kind, lebhaft und aufgeweckt, neugierig, fantasievoll. In der Kita klappt es mit dem Vorschulprogramm nicht ganz reibungslos, weil er sich mit der dabei verlangten Arbeitsdisziplin noch schwertut. Aber er ist auf dem Weg und entwickelt sich.

„Ich nehme mir vor, dass du nicht mehr schimpfen musst" – ein solcher Vorsatz ist nach Erwachsenenlogik gar nicht möglich. Ich kann mir ja nur das vornehmen, was ich auch selbst umsetzen kann. Aber Ben drückt mit seiner Formulierung aus, dass er sich selbst die Schuld dafür gibt, dass seine Mutter häufig mit ihm schimpft. Sie hingegen weiß, dass es ihre Ungeduld ist, ihre Unzufriedenheit mit den derzeitigen Lebensumständen, ihr allgemeiner Frust, der sie immer wieder aus der Haut fahren lässt. Das hat ihr schon oft ein schlechtes Gewissen bereitet, denn natürlich will sie Ben nicht absichtlich leiden lassen.

Frau R. fühlt sich insgesamt ziemlich überfordert. Als Alleinerziehende hat sie ja auch kein einfaches Leben. Immer ist das Geld knapp. Sie spricht zwar nie davon, dass ihr Junge sie in ihren Entfaltungsmöglichkeiten behindere, aber tatsächlich könnte sie ohne ihn beruflich sehr viel erfolgreicher sein. Da hilft es auch nicht, über den heutigen Verlust von Großfamilien zu klagen, in denen Erziehungsaufgaben sich verteilen ließen – sie hat keine Großfamilie. Also bleibt ihr nichts anderes übrig, als nach Hilfe zu suchen. Ihr Kind selbst hat sie jetzt dazu gebracht, denn in der Tretmühle des Alltags war ihr der Gedanke noch gar nicht gekommen: „Ich bin überfordert. Ich brauche Unterstützung. Wer könnte mir helfen? Ich muss mich darum bemühen."

Diese Gedanken zuzulassen ist eine große Leistung! Schließlich bedeuten sie ja zuzugeben, dass man Hilfe braucht und auf die Unterstützung anderer angewiesen ist. In unserer Leistungsgesellschaft gilt das als ausgesprochen uncool, wenn auch die Corona-Krise viele Anstöße für den zwischenmenschlichen Umgang gegeben und mehr Solidarität als zuvor bewirkt hat. Frau R. muss erst lernen, dass es eine Stärke ist, Schwäche zeigen zu können.

Bislang hatte sie jedoch noch keinen „Dreh" gefunden, um ihr Verhalten dem Kind gegenüber zu verändern. Jetzt hat ihr Sohn ihr mit seinem Vorsatz einen kräftigen Motivationsschub verpasst. Noch in der Neujahrsnacht setzte sich Frau R. an den PC und suchte im Internet beim Deutschen Kinderschutzbund nach Anmeldemöglichkeiten für einen Kurs „Starke Eltern – starke Kinder®". Ein Anfang war gemacht.

„Wir brauchen vier Umarmungen am Tag,
um zu überleben.
Wir brauchen acht Umarmungen am Tag,
um uns selbst zu versorgen.
Wir brauchen zwölf Umarmungen am Tag,
um erwachsen zu werden."

(Virginia Satir)

Mit dem Fahrrädchen gestürzt

Eine ganze Familie auf Rädern kommt mir beim Spaziergang entgegen: Vater, Mutter mit Hund an der Leine neben sich, ein vielleicht siebenjähriger Junge sowie sein sicher noch nicht vierjähriges Brüderchen. Als der Kleine auf gleiche Höhe mit seiner Mama aufschließen will, berührt er das Rad seines Bruders und fällt hin.

Klar, dass der Kleine erst mal weint. Schließlich war der Sturz ein Schreck für ihn, auch wenn nichts weiter passiert ist.

Der ältere Bruder schaut ein wenig bedröppelt drein, denn er war ja ebenfalls in den Unfall verwickelt.

Die ganze Familie hält an und Mama hilft dem Kleinen aufzustehen. „Wie kannst du denn auch versuchen, dich zwischen uns durchzudrängeln", schimpft sie mit ihm und klopft ihm den Dreck von der Hose, während er tapfer, aber nur teilweise erfolgreich versucht, die Tränen niederzukämpfen. Und während sie vor dem Weiterfahren die Hundeleine sortiert, sagt sie: „Ich glaube, du hast heute dein kleines Köpfchen nicht richtig eingeschaltet."

Offenbar kann es der Dreijährige seiner Mutter heute nicht recht machen.

Ich weiß nicht, was vorher schon vorgefallen war, aber ist es nicht überhaupt eine tolle Leistung, wenn ein so kleines Kind Fahrrad fahren kann?

Es hat noch derart viel mit der Koordination von Treten, Lenken und Balance zu tun, dass es völlig überfordert wäre, sollte es gleichzeitig die anderen in der Radelgruppe und vielleicht sogar noch den Gegenverkehr im Blick behalten. Wahrscheinlich kennen seine Eltern die BAG nicht.

BAG ist das Kürzel der Bundesarbeitsgemeinschaft Mehr Sicherheit für Kinder e.V. Der gemeinnützige Verein versteht sich als Fachnetzwerk zur Verhütung von Kinderunfällen und hat das Ziel, die Zahl der Unfallverletzungen unseres Nachwuchses zu reduzieren. Zu seinen Mitgliedsorganisationen zählen neben zahlreichen anderen die Deutsche Gesetzliche Unfallversicherung e. V. (DGUV), der Berufsverband der Kinder- und Jugendärzte (BVKJ) oder auch der Deutsche Verkehrssicherheitsrat e. V. Die BAG empfiehlt dringend, Kinder erst dann aufs Fahrrad zu lassen, wenn sie es beherrschen können, weil ansonsten die Verletzungsgefahr viel zu groß ist.

Nach Empfehlung der Bundesarbeitsgemeinschaft sollten Kinder erst einmal die Fortbewegung mit Bobbycar und Dreirad beherrschen, bevor sie auf den Roller steigen. Er wird vor dem Fahrrad empfohlen, weil er ein ideales Training für das Gleichgewicht bei geringer Unfallgefahr bietet. Kinder lernen mit ihm, eine höhere Geschwindigkeit aufzunehmen, können aber leicht abspringen, falls einmal nötig. Auch ein Laufrad ermöglicht entsprechende Erfahrungen, nur das Abspringen ist damit schwieriger. Erst wenn ein Kind sicher und geschickt mit Roller und/oder Laufrad umgehen kann, sollte es aufs Fahrrad umsteigen.

Auf ihrer Website www.kindersicherheit.de weist die BAG darauf hin, dass mehr als 90 % der Vierjährigen bereits ein Fahrrad besitzen. Dagegen seien sich die Entwicklungspsychologen einig, „dass Kinder dieses Alters nicht in der Lage sind, die mit dem Radfahren verbundenen Anforderungen zu bewältigen. Gleichzeitig treten, lenken, bei hoher Geschwindigkeit schnell reagieren, bremsen, das seitliche Geschehen wahrnehmen und dabei nach vorne schauen – noch im späten Grundschulalter sind Kinder mit dem Fahrrad im Verkehr häufig überfordert. *Daher sollten Kindergartenkinder nur auf verkehrsfreien Flächen, die gegenüber dem Straßenverkehr deutlich abgegrenzt sind, Rad fahren*", heißt es im Netz in dem Artikel „Laufrad, Roller, Fahrrad: Was ist wann zu empfehlen?" Und: Kleine Kinder brauchen von Anfang an einen Helm!

Ein Fahrradausflug mit der ganzen Familie, so schön das in der Vorstellung der Eltern auch sein mag, kommt in der obigen Geschichte also noch zu früh. Der Kleine, der gestürzt war, beherrscht sein Rädchen einfach noch nicht sicher genug. Bis er so weit ist, sollten seine Eltern ihren Kopf einschalten und den Familienausflug so arrangieren, dass kein Kind dabei überfordert ist. Dann kommen sie auch selbst nicht in Stress und können entspannt und gelassen reagieren, wenn mal ein Malheur passiert. Kinder sind schließlich Kinder, deren „kleines Köpfchen" so funktioniert, wie es Kindern eigen ist.

Eine verschworene Familie

Ich sitze in einem türkischen Lokal neben dem Bahnhof in Hamburg-Altona. Mehr multikulti als hier geht nicht. Es ist lebhaft, fröhlich und laut, aber friedlich, als am Tisch neben mir ein Elternpaar mit zwei Kindern Platz nimmt. Der vielleicht fünfjährige Junge ist zappelig und schreit, als sich die Familie am Tisch einrichtet.

Untereinander sprechen Eltern und Kinder deutsch. Mit dem Kellner redet die Mutter, und zwar türkisch.

Als der Vater die Jacke auszieht, kommen seine vollständig mit Tätowierungen bedeckten Arme zum Vorschein.

Während sich die etwa sechsjährige Tochter neben ihre Mama kuschelt, hampelt der Junge auf seinem Fensterplatz neben dem Papa herum, aber nicht lange. Sein Vater wendet sich ihm zu, fasst ihn am Arm an und redet beruhigend auf ihn ein.

Ein paar Sekunden gibt es Ruhe, dann versucht der Junge es wieder. Konsequent spricht sein Vater ihn erneut an, hält ihn fest und stellt Blickkontakt her. Er erklärt ihm, dass man im Lokal nicht schreien dürfe, weil das die anderen Gäste stört, und zeigt auf mich am Nebentisch.

Mein Anblick scheint den Kleinen zu überzeugen und er bleibt eine Weile ruhig. Aber es gibt so viel zu sehen und zu hören. Er will auf die Bank klettern, doch sein Papa nimmt ihn in den Arm, redet ihm gut zu, zeigt ihm Menschen und Dinge draußen auf dem belebten Bahnhofsplatz.

Derweil hat sich die Mutter um die Bestellung gekümmert und hält engen Kontakt zum offenbar „pflegeleichten" Töchterchen.

Der Junge ist allmählich ruhiger geworden, aber mehrfach bricht es laut und ungeduldig aus ihm heraus, dass er Hunger hat. Immer wieder fängt sein sehr geduldiger Papa die Unruhe auf. Schließlich legen alle vier ihre Hände übereinander zu einem Händeturm mitten auf den Tisch.

Das Händeturm-Spiel kennen Sie sicherlich. Einer legt die rechte Hand flach mitten auf den Tisch. Reihum legen die anderen ihre jeweilige rechte Hand darauf, bevor auch die linken Hände gleichermaßen aufgetürmt werden. Dann zieht der erste Spieler seine Hand unter dem Turm hervor und legt sie oben drauf. Dann folgt der nächste, der Dritte usw. Nach und nach steigert man das Tempo, bis das Ganze im Gelächter der Spielgruppe zusammenbricht. Das Schöne an diesem Spiel ist die Sinnlichkeit des Gemeinschaftserlebnisses. Man spürt einander körperlich – Hand auf Hand. Man achtet aufeinander: Wessen Hand liegt gerade zuunterst? Man konzentriert sich sowohl auf sich selbst bzw. die eigenen Hände als auch auf die Hände und Reaktionen der anderen. Und schließlich teilt man die Freude des spielerischen, fröhlichen Miteinanders.

Die Familie konzentriert sich also gemeinsam auf ihre Hände, jeder achtet auf sich als Person wie auch als Teil der Gruppe, und zumindest die Kinder vergessen damit für ein paar Augenblicke alles um sie herum. Ich kann nicht verstehen, was sie nebenbei miteinander murmeln, aber das Ganze wirkt wie ein eingespieltes Ritual. Zuwendung, Konsequenz und emotionale Nähe – das Grundrezept der Erziehung ist so einfach.

In der Autobahn-Raststätte

Eine Großfamilie sitzt in der Autobahn-Raststätte auf Sitzbank und Stühlen an zwei benachbarten Tischen und isst. Nur der vielleicht dreijährige Junge, das einzige kleine Kind in der Gesellschaft, läuft um die Tische herum. Er gräbt mit den Händen in den Pflanzenkübeln und klettert über Stühle und Bänke. Ihm hinterher läuft seine Mama, mit einer Gabel voll Essen.

Wenn sie ihn erreicht, versucht sie ihn zu füttern, aber der Junge ist eigenwillig. Mehr Erfolg hat sie, wenn sie mit der Colaflasche ankommt. Da trinkt er gerne draus und lässt sich anschließend gnädig ein paar Pommes in den Mund schieben. Seine Mama, die zwischendurch auch immer wieder mal einige Bissen zu sich nimmt, muss ihm immer wieder an andere Plätze im Lokal folgen, weil er keine Minute irgendwo bleibt.
Keiner der Männer am Tisch unterstützt die Frau. Erst als sie mit ihren Mahlzeiten fertig sind und sich den Geldspiel-Automaten zuwenden, beachten

sie den Jungen und setzen ihn zu sich auf einen Hocker. Dort kann er die blinkenden Lichter betrachten und darf ab und zu eine Taste drücken. Noch einmal macht der Kleine einen Ausflug durchs Lokal, dann bleibt er bei den Männern und den schrill blinkenden und Töne produzierenden Automaten.

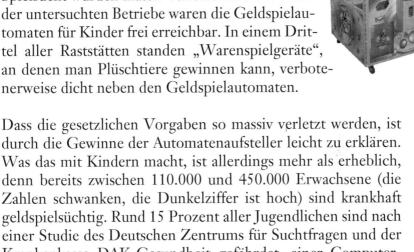

2018 hat der Verein „Arbeitskreis gegen Spielsucht" mehr als 500 Raststätten und Autohöfe entlang der Autobahnen abgeklappert. Ziel war eine Kontrolle der gesetzlichen Vorgaben zum Schutz von Minderjährigen – ihr Ergebnis fiel ernüchternd aus: Die Vorgaben zum Schutz gegen Spielsucht wurden massiv verletzt. In 90 Prozent der untersuchten Betriebe waren die Geldspielautomaten für Kinder frei erreichbar. In einem Drittel aller Raststätten standen „Warenspielgeräte", an denen man Plüschtiere gewinnen kann, verbotenerweise dicht neben den Geldspielautomaten.

Dass die gesetzlichen Vorgaben so massiv verletzt werden, ist durch die Gewinne der Automatenaufsteller leicht zu erklären. Was das mit Kindern macht, ist allerdings mehr als erheblich, denn bereits zwischen 110.000 und 450.000 Erwachsene (die Zahlen schwanken, die Dunkelziffer ist hoch) sind krankhaft geldspielsüchtig. Rund 15 Prozent aller Jugendlichen sind nach einer Studie des Deutschen Zentrums für Suchtfragen und der Krankenkasse DAK-Gesundheit gefährdet, einer Computer- oder online-Spielsucht zu verfallen. Sie weisen also ein „problematisches Spielverhalten" auf, während 3,3 % bereits die Kriterien einer pathologischen Spielsucht erfüllen.

Dreijährige werden in solchen Studien natürlich noch nicht untersucht, aber unser Junge aus der Raststätte hat beste Voraussetzungen, später zu der Gruppe der Süchtigen zu zählen. „Pathologische Spielsucht" ist eine Diagnose, die eine psychi-

atrische Therapie erforderlich macht. Die Lebensweise der Großfamilie, zu der unser Kleiner gehört, lässt befürchten, dass er später ernsthafte Suchtprobleme entwickelt.

Man kann seiner Mama nicht vorwerfen, dass sie das Kind vernachlässige. Sie sorgt dafür, dass es isst. Und Bewegung braucht so ein Kind natürlich auch zwischendurch bei einer langen Autoreise. Aber das Kind erfährt keine Form oder Ordnung. Es darf völlig ungesteuert seinen Impulsen nachgeben. Die Welt dreht sich allein um es und lockt mit Cola und schrillen Elektronikspielen.

Stattdessen brauchen Kinder Formen, feste Abläufe und Rituale, beispielsweise Hände waschen, hinsetzen, essen, aufstehen, spielen. Wenn dann Essen und Trinken auch noch gesund wären und das Spiel mit Bewegung verbunden, erübrigte sich später so manche Therapie.

Mit dem Baby sprechen

Sina führt mir stolz ihr Baby vor. Sie ist 26 und verständlicherweise total glücklich über Lea, ihr erstes Kind. Die junge Mutter badet die Kleine und wickelt sie und macht das alles sehr geschickt.

Mich wundert nur eines und darum frage ich sie: „Warum sprichst du eigentlich gar nicht mit Lea, wenn du sie versorgst?"

Sina wird ein wenig verlegen. „Ach, was soll ich denn mit ihr reden?", fragt sie zurück. „Sie versteht ja noch nichts."

Mir fallen in diesem Augenblick etliche Szenen ein, wie mir auf der Straße oder im Park Mütter begegneten, die ihr Baby im Kinderwagen schoben und dabei mit dem Handy telefonierten. Wir leben im viel gelobten Kommunikationszeitalter. Die heutige Technik ermöglicht es uns, ständig mit irgendwem in Kontakt zu sein, zu reden, zu chatten, zu mailen oder zu bloggen.

Aber es scheint mir, als ob die unmittelbare Kommunikation von Mensch zu Mensch dabei auf der Strecke bliebe. „Unmittelbar"– das bedeutet „ohne technische Medien".

Natürlich kann die kleine Lea ihrer Mama noch nicht antworten. Aber die unmittelbare Kommunikation besteht ja auch nicht bloß aus Worten. Mit dem Baby zu sprechen heißt, es da-

bei zu streicheln, zu massieren, Mimik und Gestik zu benutzen und in liebevollem Kontakt zu sein. Es antwortet mit Quieken und Lachen, ahmt unsere Mimik nach und versucht zunehmend, Laute zu artikulieren.

In einem schauerlichen Experiment hatte einst Friedrich II. von Hohenstaufen (1194–1250) herausfinden wollen, welche Sprache Menschen sprechen, wenn man ihnen keine vorspricht. Deswegen sollten Pflegerinnen in einem Findelhaus mehrere Babys ordentlich versorgen, aber dabei stumm bleiben. Dem Bericht nach sind alle Kinder gestorben!

Es gibt Zweifel in der Fachwelt, ob Friedrich II. dieses Experiment tatsächlich und mit diesem Ausgang hatte ausführen lassen, aber weniger umstritten ist die Überlieferung eines ähnlichen Versuchs, den Pharao Psammetich im alten Ägypten schon im siebten Jahrhundert v. Chr. unternommen haben soll. Er hatte zwei Neugeborene bei einem Ziegenhirten in der Wildnis aussetzen lassen, der sie gut versorgen sollte, aber nicht mit ihnen reden durfte. Außer „bek bek", den Ziegenlauten, konnten die Kinder zwei Jahre später nichts anderes artikulieren, geschweige denn Wörter sprechen.

Liebe und Zuwendung sind, das zeigen diese uralten Experimente, Grundlebensmittel für uns Menschen. Deswegen müssen Mütter Babys von klein auf „in Sprache hüllen", damit sie Zuwendung erfahren, sich geborgen fühlen und das Sprechen lernen können. Nur so erwirbt der Mensch seine Muttersprache. Das funktioniert übrigens auch mit Vätern.

Schnulli aus dem Wagen werfen

Die junge Mutter mit dem Kinderwagen unterhält sich mit einer Bekannten, die sie auf der Straße getroffen hat. Als das Baby zu quengeln beginnt, schaukelt sie den Wagen. Kurz darauf fällt der Schnuller des Babys heraus. Die Mama hebt ihn auf, putzt ihn ab und steckt ihn dem Baby wieder in den Mund. Kurz darauf fällt er wieder heraus.

Haben Sie Ähnliches auch schon einmal erlebt? Das unzufriedene Baby macht auf sich aufmerksam. Es fühlt sich vernachlässigt, denn der Blickkontakt mit der Mama ist abgerissen. Die unterhält sich und beachtet ihr Kind momentan gar nicht. Erste Selbsthilfemaßnahme: quengeln. Reaktion: Mama schaukelt den Wagen. Das ist schon angenehmer als vorher, aber noch nicht das, was das Baby wollte. Zweite Selbsthilfemaßnahme: Schnulli aus dem Wagen werfen. Jetzt muss die Mama sich dem Baby zuwenden und ihm den abgeputzten Schnuller wieder in den Mund schieben. Doch was soll das? Jetzt wendet sie sich schon wieder ab und der Konkurrenz zu! Wiederholung der zweiten Selbsthilfemaßnahme: Schnulli raus. Wiederholung von Mamas Reaktion – das Baby lacht und freut sich. Wenn die Mama sich nun wieder der Bekannten zuwendet, wird sich das Spielchen wiederholen, auch wenn die Mutter sich genervt fühlen und schimpfen sollte. Die immer wieder erneut provozierte Zuwendung ist dem Baby wichtiger.

Auch wenn die Kleinen ein wenig älter werden und sogar schon laufen können, werden etliche von ihnen ihre Eltern immer wieder stören, ob beim Telefonieren, am Herd oder bei der Schreibtischarbeit. Kürzlich las ich von einer Mutter, deren Fünfjähriger erst zufrieden war, als sie für ihn laut bis 1000 zählte. Das dauerte eine Viertelstunde, während der er friedlich spielte. Nach Jesper Juul, dem dänischen Familientherapeuten, der am 25. Juli 2019 verstorben ist, wollen Kinder keine Aufmerksamkeit, sondern Beziehung. Unser Kinderwagen-Baby will einfach beteiligt sein. Es signalisiert, dass es dazugehören möchte, wenn seine Mama sich mit jemandem unterhält. Es ist neugierig und möchte die andere Person sehen.

Ich finde es fantastisch, welche Intelligenz schon in den kleinsten von uns Menschen steckt. Das Baby aus unserer Geschichte kann noch nicht sprechen, aber es vermag seiner Mama bereits Spielregeln zu diktieren! Da sein Verhalten von Erfolg gekrönt ist, wird es von Mal zu Mal stabiler. Die Mama hingegen wird zunehmend ärgerlicher. Wenn sie schließlich den Schnuller einsteckt, weil sie das Spielchen leid ist, wird ihr Baby wahrscheinlich zu weinen oder zu schreien beginnen. Wer könnte dem widerstehen?! Mama nimmt das Baby auf den Arm und beteiligt es an der Unterhaltung. „Na also", denkt das Baby, „warum nicht gleich so?"

Im Schwimmbad

"Nun stell dich nicht so an!", ruft der Papa, packt sein Töchterchen an der Hand und springt mit ihr ins Wasser. Es ist nur das Nichtschwimmerbecken, aber trotzdem kann die Fünfjährige an dieser Stelle nicht stehen. Kein Wunder, dass die Kleine prustet, um sich schlägt und schließlich weint, als sie sich an den Beckenrand klammert.

Eigentlich ist es ja wunderbar, wenn ein Vater sich mit seinem Kind beschäftigt, mit ihm ins Schwimmbad geht und ihm sogar das Schwimmen beibringen möchte. In diesem Fall soll die Kleine nach den Sommerferien eingeschult werden und dann möglichst schon schwimmen können.

Eigentlich fühlen sich Kinder im Wasser wohl und planschen gerne darin herum. Auch dieses Kind hat das immer gerne getan, aber eben im Planschbecken und nicht dort, wo es noch nicht stehen kann.

Eigentlich ist fünf Jahre ein gutes Alter, um schwimmen zu lernen, weil Kinder dann über die Fähigkeit zu jener Koordination von Armen und Beinen verfügen, die man beim Schwimmen braucht.

Aber: Menschenkindern ist die Fähigkeit zu schwimmen nicht angeboren. Der Spaß mit dem Wasser schlägt in Angst um, wenn man Wasser schluckt oder gar in die Atemwege bekommt. Die behinderte Atmung löst das Gefühl des Erstickens aus und erzeugt Panik. Deswegen brauchen Eltern ein gutes Einfühlungsvermögen, um ihr Kind an tiefes Wasser zu gewöhnen. Jeder Zwang ist tabu, weil er die Angst verfestigt.

Die meisten Eltern wissen gar nicht, dass Ertrinken die zweithäufigste Art des Unfalltodes bei Kindern ist. Noch mehr Kin-

der erleiden einen „Beinahe-Ertrinkungsunfall", bei dem sie gerade noch rechtzeitig aus der Bewusstlosigkeit geholt werden, aber manchmal bleibende gesundheitliche Schäden zurückbehalten. Bis ins Grundschulalter hinein sind Kinder diesbezüglich gefährdet.

Umso wichtiger ist es, sie möglichst schon vor Schuleintritt, etwa ab vier Jahren, das Schwimmen lernen zu lassen. Nichts bietet im Wasser mehr Sicherheit als gut schwimmen zu können. Trotzdem brauchen Kinder auch nach dem Erwerb des Seepferdchens (in Österreich: Pinguin) noch Aufsicht, denn wassersicher sind unsere Kleinen dann noch lange nicht. Frühestens mit dem Deutschen Schwimmabzeichen in Bronze, wenn sie sich eine Viertelstunde lang im Wasser halten können und einige Tauch- und Sprungübungen beherrschen, kann man sie unbeaufsichtigt ins Wasser lassen.

So genannte „Schwimmhilfen" sind allerdings keine sicheren Helfer für das Schwimmenlernen und ersetzen auch die Aufsicht nicht. Schwimmflügel, –bretter, –kissen oder –scheiben fallen in diese Kategorie. Schwimmflügel brauchen unbedingt die Normkennzeichnung EN 13138, ohne die sie besonders unsicher sind. Schwimmreifen gelten dagegen gar nicht als

Schwimmhilfe, genauso wenig wie Luftmatratzen oder aufblasbare Wassertiere. Das Material all der genannten Dinge enthält außerdem zumeist problematische Schadstoffe, etwa Naphthalin (früher als Mottenpulver verwendet; gesundheitsschädlich und umweltgefährdend) oder Phthalate (als bedenklich geltende und z.T. verbotene Weichmacher). Nach einer Untersuchung der Stiftung Warentest lag die Belastung nur bei fünf von 24 Produkten unterhalb der Toleranzgrenze.

Am besten lernen Kinder das Schwimmen in einem Kurs. Gemeinsam mit anderen macht es nicht nur mehr Spaß, sondern es fällt in der Gruppe auch leichter, sich zu überwinden und die Ausdauer zu trainieren. Am Ende des Kurses steht außerdem ein großes Erfolgserlebnis: das Seepferdchen. Dieses Abzeichen zu bekommen und auf der Badekleidung tragen zu dürfen, ist eine riesige Motivation. Es erhält nur, wer die Baderegeln kennt, vom Beckenrand springen, 25 m schwimmen und einen Gegenstand aus schultertiefem Wasser ertauchen kann.

Wenn der Papa dann mit seiner Tochter ins Becken springt, werden beide ihren unbeschwerten Spaß haben.

ADHS – das häufigste Entwicklungsrisiko bei Kindern

Mikas Mutter ist ziemlich verzweifelt. „Wie soll das nur in der Schule mit dir werden?", stöhnt sie, nachdem die Erzieherin sich zum x-ten Male bei ihr beschwert hat. Mika soll nach den Sommerferien eingeschult werden. Er ist eigentlich ein lieber, charmanter Bengel, durchaus hilfsbereit, neugierig und interessiert. Aber er ist auch unglaublich lebhaft, kann kaum stillsitzen, Malen und Basteln liegen ihm gar nicht. In der Gruppe muss er ständig den Ton angeben, beim Vorlesen im Sitzkreis ruft er immer wieder rein. Vor allem aber reagiert er häufig unkontrolliert, wenn ihn jemand aus Versehen schubst oder rempelt; er kann gelegentlich sehr wütend sein und heftig um sich schlagen. Mehrmals gab es bereits blutende Lippen und weinende Kinder, weil Mika sich nicht beherrschen konnte.

Lara ist ein ganz anderer Typ. Ihrer Erzieherin fiel sie auf, weil sie in allen Verrichtungen langsamer ist als die anderen. Ständig fragt sie nach, was sie tun soll, als ob sie schwerhörig sei. Auch wenn die Erzieherin ihr vorgemacht hat, wie sie ein Mandala ausmalen soll, ist sie unsicher. Zudem kann sie keine Ränder einhalten. Andererseits ist sie offensichtlich gar nicht dumm, denn sie stellt manchmal Fragen oder äußert Gedanken, die verblüffen. Aber die gehören längst nicht immer zum Thema im Gesprächskreis. Oft wirkt sie „geistig abwesend", wie eine Tagträumerin.

So unterschiedlich Mika und Lara auch zu sein scheinen, sie haben eines gemeinsam: Sie gehören zu den rund fünf Prozent Kindern mit einem „Aufmerksamkeits-Defizit-Hyperaktivitäts-Syndrom", kurz ADHS. Dieses Kürzel bezeichnet das am weitesten verbreitete Entwicklungsrisiko von Kindern und kennzeichnet ein Bündel von Symptomen, die in ihrer Summe einen gemeinsamen Kern haben: Davon betroffene Menschen (es gibt auch Erwachsene mit einer manchmal erheblichen „Restsymptomatik") haben besonders große Schwierigkeiten, ihre Aufmerksamkeit zu steuern, systematisch Probleme zu lösen (z. B. ihr Zimmer aufzuräumen), sich zu organisieren und kontinuierlich bei einer Sache zu bleiben (z. B. beim Essen). Dass sie gleichzeitig meist auch höchst kreativ, oft sehr intelligent, originell im Denken und sehr sozial im Verhalten sind, wird leider viel zu häufig übersehen, weil es anstrengend ist, mit ihnen umzugehen – anstrengender, als den meisten Erwachsenen lieb ist. ADHS kommt sowohl in Verbindung mit Hyperaktivität vor, was viel schneller auffällt, da solche Kinder „stören", als auch ohne, wie das Beispiel von Lara zeigt. In der Tat findet sich der ruhigere ADHS-Typus häufiger bei Mädchen, während der lebhaftere unter Jungen weiter verbreitet ist.

Wie kann man überhaupt feststellen, ob ein Kind von ADHS betroffen ist? Es gibt einige „Leitsymptome", die alle miteinander erfüllt sein müssen:

- überstarke motorische Unruhe (Hyperaktivität wie bei Mika) oder besonders häufige Inaktivität und Schlaffheit (Hypoaktivität wie bei Lara);
- überschießende kognitive Impulsivität (das Handeln ist schneller als das Denken);
- verkürzte Ausdauer, überdurchschnittlich kurze Aufmerksamkeitsspanne (jedoch nicht, wenn etwas Spaß bereitet).

Wenn sich der Verdacht auf ADHS aufgrund dieser Leitsymptome verdichtet hat, dann ist eine genaue diagnostische Abklärung angezeigt. Die gehört in den Fachbereich der Medizin, denn das Syndrom ist eine genau definierte Befindlichkeitsstörung, die im internationalen Katalog der Krankheiten (ICD = International Classification of Diseases) beschrieben wird. Nach dem heutigen Erkenntnisstand der Wissenschaft liegt ihr eine Störung des Neurotransmitter-Stoffwechsels im Frontalhirn zu Grunde: Wer zu wenig Neurotransmitter („Botenstoffe") im Gehirn hat, kann schlechter als andere ausfiltern, welche Wahrnehmungen wichtig und welche unwichtig sind. Darum geht es im Kopf eines ADHS-Kinder ständig so zu wie in einem großen Kaufhaus im Schlussverkauf an einem verkaufsoffenen Samstag. Mika und Lara nehmen alles gleichzeitig wahr: Was die Erzieherin sagt und ein anderes Kind tut, dass eine Fliege am Fenster krabbelt, draußen ein Traktor fährt und jemand auf dem Gang läuft, und nebenher fällt ihnen auch noch etwas „ganz Wichtiges" ein, das sofort in die Runde gerufen werden muss oder einfach die Gedanken ablenkt.

Die genaue diagnostische Abklärung kann kein Kinderarzt leisten, sondern nur Kinderpsychiater bzw. sozialpädiatrische Abteilungen, die es an größeren Kinderkliniken gibt. In der Sozialpädiatrie arbeiten mehrere Disziplinen zusammen, sodass der allgemeine Entwicklungsstand, Hirnfunktion, Wahrnehmungsfähigkeit, Motorik, Intelligenz und psychische Befindlichkeit miteinander untersucht werden können. Eine sorgfältige ADHS-Diagnostik ist nicht an einem Vormittag zu leisten, sondern erfordert im Normalfall zwei bis drei Termine. Sie umfasst

- ein ausführliches Elterngespräch über die Entwicklung des Kindes („biografische Anamnese"),
- eine allgemeine und neurologische Untersuchung,
- Messen von Größe, Gewicht und Blutdruck,
- EEG (Messen der Gehirnströme),
- Konzentrationstest,
- Intelligenztest,
- Entwicklungstest zur visuellen Wahrnehmung,
- mehrere Laboruntersuchungen des Blutes und

- das Abchecken von cerebralen (Cerebrum = Gehirnrinde) Fehlfunktionen.
- Unter Umständen sind noch weitere Tests erforderlich, etwa zur motorischen Entwicklung, der auditiven Wahrnehmung und anderes mehr.

Erst nach einer solch ausführlichen „Untersuchungsbatterie" kann eine genaue Diagnose erstellt und ein sinnvoller Behandlungsplan aufgestellt werden. Weil das ADHS so komplex ist und geistige, aber auch körperliche und seelische Aspekte umfasst, gibt es nicht „die eine" Therapieform, die alles behandelt. Stattdessen wird in aller Regel ein „multimodaler" Behandlungsansatz empfohlen, der mehrere Therapien miteinander verknüpft:

- Kern der Behandlung ist die heilpädagogisch ausgerichtete Verhaltenstherapie, in der das Kind lernt, sich strukturiert zu verhalten und mit System zu lernen.
- Im häuslichen Bereich gehört parallel dazu das strukturierte Erziehen mit Liebe, aber absoluter Konsequenz. Weil diese Fähigkeit nur wenigen Menschen in die Wiege gelegt wurde, ist dazu
- ein Elterntraining zu empfehlen, das viele Verhaltenstherapeuten neben der Kindertherapie anbieten.
- Stütztherapien zur Förderung der Motorik (Psychomotorik-Training), der Sinneswahrnehmung (Ergotherapie), der Konzentration (Lerngymnastik) oder des seelischen Gleichgewichts (therapeutisches Reiten) u.a.m. ergänzen den Behandlungsplan.
- In Einzelfällen kommt ergänzend ein Medikament in Frage, zumeist mit dem Wirkstoff Methylphenidat, das im Normalfall erst ab sechs Jahren verschrieben wird. Es soll jedoch nur ergänzend verordnet werden, wenn andere Maßnahmen

aus den obigen Punkten nicht genügend gewirkt haben. Vor leichtfertiger Verschreibung ist zu warnen; nach sorgfältiger Diagnostik und mit regelmäßiger ärztlicher Kontrolle jedoch kann das Medikament ein Segen für das Kind wie auch für seine Eltern sein.

Nach dem heutigen Stand der Wissenschaft ist das ADHS trotz aller Therapieformen nicht bis zum gänzlichen Verschwinden ausheilbar. Man kann die Beeinträchtigungen der Betroffenen nur mehr oder weniger gut ausgleichen – je nach Ausprägung des Syndroms.

Nach all diesen Erläuterungen wird auch deutlich: ADHS ist nicht primär ein Erziehungsproblem! Viele Eltern von solchen Kindern fragen sich, was sie wohl falsch machen. Von dritter Seite hören sie immer wieder, wie „ungezogen" ihr Nachwuchs sei, was versteckte oder auch offene Kritik an der Erziehung bedeutet. Doch in erster Linie ist ADHS eine neurophysiologische Störung, eine biochemisch bedingte Beeinträchtigung wesentlicher Gehirnfunktionen, für die es sogar eine erbliche Veranlagung gibt.

Mika und Lara können also zunächst gar nichts für ihr häufig belastendes Verhalten. Sie brauchen erst einmal Verständnis und Liebe als Grundhaltung aller Kontaktpersonen, also der Erzieherinnen wie auch der Eltern. Diese wiederum brauchen Informationen, Aufklärung, vielleicht sogar Training, um mit den betroffenen Kindern sinnvoll umgehen zu können. Es lohnt sich, denn so viel Kraft ADHS-Kinder uns kosten können, so viel menschliche Bereicherung geben sie uns auch. Wir können eine Menge von ihnen lernen, wenn wir offen genug sind, uns ohne Vorbehalte auf sie einzulassen.

Wie wir Glückskinder erziehen

*„Es ist wichtiger, etwas im Kleinen zu tun,
als im Großen darüber zu reden."*

Dieser kluge Satz von Willy Brandt, dem 1992 verstorbenen früheren deutschen Bundeskanzler, kann für alle Bereiche des Lebens gelten – auch für das Erziehen von Kindern.

Als Ende der sechziger Jahre des vorigen Jahrhunderts begonnen wurde, antiautoritär mit Kindern umzugehen und ihnen quasi alles zu erlauben, waren vor allem die Kleinen überfordert. Ihre Eltern diskutierten den neuen Erziehungsstil intensiv mit anderen, während die Kiddies ungehindert ihre eigenen Erfahrungen machten. Da sie keinen Widerstand gegenüber all ihren – auch hässlichen – Verhaltensweisen erlebten, aber noch nicht vernunftgesteuert handeln konnten, entwickelten sie egoistische Züge und hatten es in der Folge schwer, Freunde zu finden.

Wer früh im Leben verinnerlicht, dass nur das Lustprinzip zählt, kann außerdem nicht lernen, dass es Pflichten gibt, die erfüllt werden müssen: Zimmer aufräumen zum Beispiel oder Mama im Haushalt helfen. Diese Kinder verhielten sich unsozial und waren in der Schule nicht nur für ihre Mitschüler, sondern auch für die Lehrkräfte kaum zu ertragen. Natürlich hatten sie demzufolge keine glückliche Kindheit.

Aber genau das ist der Wunsch aller heutigen Eltern, ihrem Kind eine schöne Kindheit zu gewährleisten. Welcher Erziehungsstil bietet denn die beste Chance dafür, dass ein Kind sein Leben als positiv erlebt? Die Erziehungswissenschaft hat diese Frage sehr gründlich untersucht und eine klare Antwort darauf gefunden: Es ist die „autoritative Erziehung". Dieser Begriff meint eine Haltung, die zwischen autoritär und laissez-faire liegt. Autoritär erzogen noch unsere Vorfahren bis vor 50 Jahren. Damals galt es als völlig normal, streng mit Kindern umzugehen und sie auch körperlich zu strafen.

Beim autoritativen Erziehungsstil hingegen herrscht ein emotional warmes Klima. Die Eltern akzeptieren ihr Kind grundsätzlich und gehen akzeptierend und kommunikativ mit ihm um. Allerdings setzen autoritativ erziehende Eltern auch Grenzen und beeinflussen ihre Kinder begründet und direkt anhand von Regeln, während ein Laissez-faire-Erziehungsstil ihnen alle Freiheiten lässt und sie vor Pflichten bewahrt.

Das autoritative Erziehen bietet die besten Chancen für eine glückliche Kindheit. Solche Kinder fallen dadurch auf, dass sie besonders zufrieden sind, ein positives Sozialverhalten aufweisen und schließlich gute Schulleistungen erbringen, während sie gleichzeitig von ihren Kameraden akzeptiert werden. Was tun die Eltern solcher „Glückskinder"? Sie erziehen besonders ausgeglichen und intensiv nach folgenden vier Gesichtspunkten:

1. vermitteln sie ihren Kindern viel Hinwendung und Liebe. Das fördert eine gute Bindung, die es Eltern leichter macht, positiven Einfluss auszuüben. Sie sprechen mit dem Baby während der Pflege, sie tragen es auf dem Arm herum und erzählen, was es alles zu sehen gibt. Sie spielen mit ihm, soweit es ihre Zeit zulässt, sie gewähren mit zunehmendem Alter aber auch zunehmenden Freiraum. Sie sorgen für gemeinsame Erlebnisse und Abenteuer, ob im Wald oder beim Zelt-Wochenende.

2. verankern sie klare Regeln und sorgen dafür, dass sie eingehalten werden. Wenn ein Kind beim Spielen die Zeit vergisst und nicht pünktlich zum Essen auftaucht, gibt es Konsequenzen, ob eine Standpauke oder den Ausfall einer Mahlzeit. Auf jeden Fall arbeiten autoritativ erziehende Eltern an der Fähigkeit ihres Kindes zur Einsicht. Sie helfen ihm zu verstehen, dass Genusserlebnisse erarbeitet sein wollen und Freiheit Grenzen voraussetzt. Das Krabbelbaby lebt mit den Grenzen seines Laufstalls, das kleine Kind mit den Grenzen der Wohnung und das ältere mit denen abgesprochener Regeln.

3. Bei all dem verzichten Eltern auf seelische oder gar körperliche Gewalt. Letztere ist glücklicherweise auf dem Rückzug, zumal sie seit dem Jahr 2000 in der Erziehung verboten ist (vgl. Einleitung, S. 10/11). Trotzdem fanden im Jahr 2016 immer noch 17 Prozent der Eltern eine „leichte Ohrfeige" in der Erziehung angebracht, einen „Klaps auf den Po" hielten sogar 44,6 Prozent für akzeptabel. Die Eltern von Glückskindern hingegen wissen, dass körperliche Gewalt kein Kind glücklich macht. Sie leiten ihr Kind an, sie führen und schützen es, sie beziehen aber auch klare Positionen und tragen Konflikte aus – kommunikativ und respektvoll. Und wenn ihnen mal der Geduldsfaden gerissen ist, entschuldigen sie sich spätestens beim Gute-Nacht-Kuss.

4. Der vierte Aspekt des autoritativen Erziehungsstils bezieht sich auf die Persönlichkeitsentwicklung des Kindes. Eltern versuchen nicht, es auf eine Karriere hin zu trimmen, die sie sich erträumen. Sie lassen ihrem Kind seine eigenen Ziele und überfordern es nicht emotional mit einem hohen Erwartungsdruck. Sie unterstützen und ermutigen es bei der Verfolgung seiner Vorhaben und helfen ihm damit, einen eigenen Weg ins Leben zu gehen, ohne ein schlechtes Gewissen haben zu müssen.

Sicherlich haben Sie beim Lesen der vier Punkte innerlich geprüft, inwieweit sie den autoritativen Erziehungsstil bereits beherzigen. Sie werden mehr oder weniger zufrieden mit ihrer Bilanz sein. Aber bitte bedenken Sie, dass der Mensch ein Ideal zwar jederzeit anstreben, doch nie erreichen kann. Ideale sind Ideen-Leuchttürme. Sie geben uns Orientierung, zeigen uns den Weg und bieten uns ein Maß zur Selbsteinschätzung. Aber erreichen können wir ein Ideal nicht, denn „nobody is perfect". Eine Annäherung zu versuchen lohnt jedoch immer. Die Zufriedenheit ihres Kindes wird Ihnen verlässliche Rückmeldung geben.

„Das ist doch gefährlich!"

„Komm da runter!", befiehlt die Mama. Ihr kleiner Junge, vielleicht vier Jahre alt, balanciert auf einem Mäuerchen, das keinen halben Meter hoch ist. Widerwillig klettert der Kleine herunter, um sofort das nächste Absperrgeländer zur Straße hin als Reckstange zu testen. „Lass das", kommandiert die Mama, „das ist doch gefährlich!"

Kinder haben es heutzutage nicht leicht, ihren Bewegungsdrang auszuleben. Besonders in der Stadt gibt es nur wenige Möglichkeiten dafür. Die meisten Spielplätze sind langweilig, eine Beleidigung für die Kreativität und Intelligenz aufgeweckter Jungen und Mädchen. Das merken wir Erwachsenen erst, wenn wir mit den Augen der Kinder drauf schauen. Ein moderner Standardspielplatz hat zwei, drei Schaukeln, ein Klettergerüst mit mehreren Rutschen, eine Wippe und ein Karussell. Tartanbelag an den kritischen Stellen soll die Verletzungsgefahr reduzieren. Ein Sandkasten gehört auch noch dazu und bietet der Fantasie den größten Spielraum. Ist das für Kinder attraktiv? Nun gut, allemal attraktiver als die kleine Stadtwohnung ist solch ein Gelände schon, aber es wundert einen nicht, dass die Kinder bereits auf dem Weg dorthin klettern und balancieren, so viel nur möglich ist.

Abenteuerspielplätze, die auch für Vorschulkinder offen sind, gibt es leider viel zu selten. In der Regel sind sie sehr groß und bieten (fast) alles, was der Kinderfantasie Raum gibt: Piratenschiff, Hexenwald und Bauplatz für die Kreativität, einen Klangbaum, Indianerhütten oder Hängematten zum Ausruhen. Meist sind sie von pädagogischem Fachpersonal betreut, sodass auch Vorschulkinder ohne erwachsene Begleitung dort spielen können.

Kinder wollen all die Dinge tun, die ihnen Freude bereiten, aber den Wäscheberg zuhause anwachsen lassen. Sie reizen aus, was die Umgebung hergibt und vergessen darüber alle Ver- und Gebote. Doch nicht alle Eltern lassen alles zu. Sie mahnen und warnen: „Pass auf, du verletzt dich!" – „Achtung, deine Hose geht kaputt!" – Mach deine Sachen nicht schmutzig!" – „Gib acht, das ist gefährlich!"

Kinder suchen jedoch die Bewegung, die Herausforderung, das Risiko. Sie brauchen Gelegenheiten, um Geschicklichkeit, Körperbeherrschung und Mut zu entwickeln. Klettern und vor allem Balancieren sind ihre größte Lust. Gleichzeitig trainieren

sie damit Ausdauer, Frustrationstoleranz, Raum-Lage-Orientierung und Auge-Hand-Koordination. Das sind alles wichtige Voraussetzungen für das spätere Umgehen mit Mathematik, Schriftsprache und anderen Anforderungen in der Schule. Was ihnen bei ihren Spielen gelingt, was sie nach zahlreichen Versuchen endlich können, vermittelt ihnen ungeahnte Glücksgefühle durch den selbst erzeugten Erfolg. Das stärkt ihre Anstrengungsbereitschaft, ihre Leistungsmotivation.

Warum also nicht mal ein bisschen Zeit mitnehmen und rausfahren aufs Land? Es gibt wunderbare wilde Spielmöglichkeiten an kleinen Bächen, mit Steinen zum Drüberlaufen und mit Bäumen, auf die man klettern kann. Außerdem gibt es noch einen nützlichen Nebeneffekt des „wilden" Spielens: Die zunehmende körperliche Tüchtigkeit ist der beste Schutz vor Unfällen. Kinder müssen überschaubare Risiken eingehen dürfen, um Gefahren realistisch einschätzen zu lernen.

Mats fotografiert

Mats ist kürzlich sechs Jahre alt geworden und kommt nach den Sommerferien in die Schule. Jetzt befindet er sich mit seinen Eltern im Urlaub. Das Domizil, ein altes französisches Bauernhaus mit mehreren Ferienwohnungen, ist zwar familiengerecht, aber da es keine anderen Kinder hier gibt, langweilt der Junge sich. Da drückt ihm sein Vater den Fotoapparat in die Hand und erklärt ihm kurz die wichtigsten Funktionen.

Kurz darauf treffe ich Mats, wie er ums Haus herumstreift. Auskunftsfreudig erzählt er, dass er Fotos vom Haus und der Umgebung macht. Die schönsten sollen ins Familien-Urlaubsalbum kommen. Ganz bei der Sache ist der Junge, schaut sich um, sucht nach interessanten Objekten. Immer wieder hält er die kleine, einfache Digitalkamera vor sich, richtet sie aus und drückt auf den Auslöser. Was interessant ist, bestimmt er selbst. Er sammelt Bilder von bunten Blüten und seltsam geformten Steinen, jagt Schmetterlinge und Katzen. Zum nächsten Ausflug müssen seine Eltern ihn rufen.

In der Schule würde man von einer „offenen problemorientierten Aufgabenstellung" sprechen. Das Problem: Wir brauchen Bilder für unser Album. Die Motivation liegt in der Sache selbst: Du kannst das Problem lösen, deine Bilder kommen ins Album.

Der Prozess: Mats zieht los und merkt, dass er noch gar nicht weiß, was er interessant findet. Er sucht und nimmt die Welt um sich herum bewusst in den Blick. Er klärt seine Interessen und setzt Prioritäten. Dann fokussiert er die ausgewählten Objekte, nimmt sie auf und hält sie fest.

Der Effekt: Beim bewussten Fotografieren geschieht das Gegenteil vom Fernsehen: Nicht der Bildschirm zieht meine Blicke auf sich, sondern ich schaue bewusst und wähle aus, was ich in den Blick nehme. Nicht die Bilder steuern mich, sondern ich entscheide, was ich ins Bild setze. Ich lasse mich nicht berieseln, sondern sortiere nach eigenem Sinnen und Trachten in „interessant" und „uninteressant".

Was Mats hier auf eigene Faust macht, kann man vielerorts in Kursen lernen. So gibt es beispielsweise in Köln ab und zu bei Ferienaktionen die Gelegenheit, an einer Foto-Werkstatt für Kinder ab sechs Jahren unter dem Motto „Tiere vor der Kamera" teilzunehmen. Dabei erhalten sie erst einmal eine kindgerechte Erklärung, wie sie den Fotoapparat einstellen und bedienen können. Anschließend streifen sie in Sechsergruppen durch den Kölner Zoo, immer in Begleitung einer Pädagogin, die Fragen beantwortet und hilft, falls das gewünscht wird. Zum

Schluss schauen sich die Kinder alle Fotos am Computer an und dürfen sich ein Lieblingsbild als Ausdruck mit nach Hause nehmen.

Dass das Fotografieren jedoch auch ohne Kurs gut funktioniert, beweist Mats eindrucksvoll. Er belegt mit seinen Aufnahmen die alte fotopädagogische Erkenntnis, dass Kinder einen eigenen Blick haben und sehr unvoreingenommen nach Motiven Ausschau halten. Genau diese Einsicht nutzte das Kita-Bündnis „Qualität im Dialog" im Weserbergland, um Kitas zu verbessern. Kindergruppen mit entsprechender Ausrüstung konnten den erwachsenen Besuchern ihre Einrichtung zeigen und alles fotografieren, was sie schön oder auch verbesserungswürdig fanden. Das machte den Erwachsenen die Kinderperspektive deutlich. In der Folge wurden die Treppenhauswände in Augenhöhe der Kleinen verschönert oder in einer Kita sogar die Treppenstufen bemalt und beklebt.

So, wie die Kita-Kinder stolz auf ihre Aktion waren, konnte auch Mats stolz auf seine Bildausbeute sein. Kleiner Nebeneffekt: Schon ein, zwei Stunden freier Beschäftigung mit dem kleinen Fotoapparat haben enorm dazu beigetragen, seine Selbstkompetenz zu stärken.

Mehr als ein Kind ist zu teuer

Im Bekanntenkreis ist ein junges Paar Eltern geworden. Ich überbringe ein kleines Geschenk und gratuliere. „Ist doch immer wieder ein Wunder, so ein Menschenkind", versuche ich ein wenig Smalltalk. „Ja, wir sind auch ganz glücklich", sagt der frischgebackene Vater. „Aber mehr als ein Kind werden wir nicht kriegen."

„Weißt du", erklärt mir mein junger Bekannter, „ich verdiene nicht schlecht, aber die wirtschaftliche Lage ist unsicher und für meinen Arbeitsplatz gibt es keine Garantie. Kinder kosten so viel wie ein Haus, bis sie auf eigenen Beinen stehen." Dass Kinder eine Menge Geld kosten, weiß ich aus eigener Erfahrung, aber sind sie nicht ohnehin einfach unbezahlbar?

„Mehr als ein Haus plus ein Kind sind für uns nicht drin", sagen die jungen Eltern. „Schließlich wollen wir auch mal in Urlaub fahren, und die Kinder müssen mit Spielsachen und Kleidung mit den anderen mithalten können, sonst werden sie gemobbt. Das haben wir in der Verwandtschaft erlebt."

Da verzichten Eltern auf weitere Kinder, nicht weil die Befriedigung ihrer Grundbedürfnisse zu teuer wäre, sondern das Mithalten mit den anderen.

Warum müssen denn Kinder als Prestigeobjekte mit Markenkleidung und teurem Outfit aus- (oder besser: auf-) gerüstet werden? Ich spreche hier nicht von Familien, die wirklich in Armut leben, sondern von der Mittel- und Oberschicht. Deren Einzelkinder haben materiell mehr, als gut für sie ist. Sie spüren jedoch auch einen riesigen Erwartungsdruck, denn sie müssen die elterlichen Investitionen rechtfertigen. „Ich muss alles allein aushalten", erklärte mir mal eine Dreizehnjährige ihre Situation als Einzelkind. Kinder brauchen unbedingt Kinder in ihrem persönlichen Umfeld.

Überall, wo kleine Kinder beisammen sind, kann man beobachten, wie sie miteinander Kontakt haben und spielen. Schon Einjährige trösten sich gegenseitig oder schließen Freundschaften, auch wenn sie einander mal ein Spielzeug auf den Kopf schlagen. Mit zwei oder drei Jahren können sie ihre sozialen Erfahrungen bereits mit weniger Kontrolle der Erwachsenen machen. Ältere lernen, Rücksicht auf die Kleineren zu nehmen; Jüngere schauen sich viel von den Größeren ab.

In einer Geschwisterschar werden diese Lernprozesse automatisch vollzogen.

Einzelkinder haben in der Familie nur Mama und/oder Papa als Spielgefährten, doch die sind nicht ideal, sondern eher ein Notbehelf. Erwachsenen fällt es schwer, den Kindern die Regie zu überlassen und neigen dazu, ihre Kleinen zu „bespielen". Aber wenn Erwachsene bestimmen, was und wie gespielt wird, verdirbt das die kindliche Fantasie – die Quelle, aus der Einfälle und Intelligenz sprudeln.

Meine jungen Bekannten werden mit der Gefahr leben müssen, die Fantasie ihres Kindes zu begrenzen. Sie werden viel arbeiten, um den angestrebten Lebensstandard zu sichern – zulasten der Freiheit eines intensiven Familienlebens. Sie haben Angst davor, in der Wohlstandskonkurrenz nicht mithalten zu können. Aber Angst ist ein schlechter Ratgeber. Wie sollen Kinder Lebensmut entwickeln, wenn ihre Eltern ihn nicht haben?

Auf der Rutsche

Ungefähr eineinhalb Jahre alt ist das kleine Mädchen. Ihr Papa bugsiert sie auf ein mehr als zwei Meter hohes Klettergerüst, hebt sie über diverse Hindernisse und setzt sie dann an den Rand der Rutschbahn, von der kleine Waghälse gerne heruntersausen, um umgehend wieder auf das Gerüst hinaufzuklettern.

„Warte", sagt der Papa, klettert nach hinten und springt hinunter. Er sprintet um das Gerüst herum zum unteren Ende der Rutsche. „Jetzt komm!", ruft er und streckt seiner Kleinen die Arme entgegen. Er hätte gerne, dass das Mädchen sich nun auf die Schräge schiebt, um ihm entgegenzurutschen.

Aber sie tut es nicht, sondern ruft kläglich nach ihrer Mama. Die jedoch befindet sich am anderen Ende des Spielplatzes und steht nicht zur Verfügung. Was der Papa auch sagt und wie er ihm auch bedeutet zu rutschen – das kleine Mädchen bleibt oben.

Ob es sich nicht traut oder gar nicht weiß, wie es sich in dieser Lage vorwärts schieben soll, das weiß ich nicht. Aber eines weiß ich gewiss: Kinder, die klettern und rutschen wollen, tun das von sich aus, sobald sie dazu in der Lage sind.

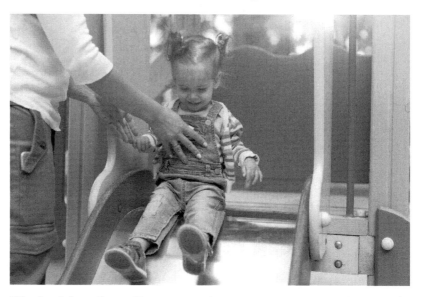

Kinder leben ihren Bewegungsdrang gerne aus, vom Strampeln über das Krabbeln und Laufen bis zum Klettern, Turnen und Springen. Wenn man sie beobachtet, kann man unschwer erkennen, welche Bewegungsangebote ihnen Freude machen.

Das Grundprinzip aller Hilfestellungen dabei ist der berühmte Montessori-Satz: „Hilf mir, es selbst zu tun." Er gilt für alles Lernen, auch das der Körperbeherrschung. Falls ein Kind wirklich Hilfe braucht, zeigt es das.

Das Mädchen aus dieser wahren Geschichte zeigt seine Hilfsbedürftigkeit, indem es oben auf der Rutsche sitzend nach der Mama ruft.

Sein Papa versteht diese Rufe nicht. Er denkt: „Ich bin doch da!", aber er erkennt nicht, dass die Kleine sich in Gefahr fühlt. Um das zu erkennen, müsste er sich vorstellen können, dass die

Perspektive des Kindes völlig anders ist als seine Sichtweise der Situation.

Haben Sie schon einmal im Schwimmbad auf einem Zehn-Meter-Turm gestanden und hinuntergeschaut? Wer zum ersten Mal dort steht und gleich bedenkenlos springt, ist wagemutig – er oder sie „wagt mutig" den Sprung. Nicht jeder Erwachsene traut sich das auf Anhieb zu, obwohl doch vermutlich jeder Vorerfahrungen hat und schon vom Einer oder Dreier gesprungen ist. Das Mädchen auf der Rutsche mit seinen eineinhalb Jahren hat keine entsprechenden Vorerfahrungen, aber ähnliche Ängste wie ein Großer auf dem Sprungturm.

Kinder lernen durch Nachahmen und Ausprobieren. Wenn sie bei frühen Laufversuchen hinplumpsen, rappeln sie sich wieder hoch. Beim Schaukeln finden sie durch ständige Wiederholung heraus, wie sie sich selbst in Schwung bringen. Selbst tun macht sie tüchtig und stolz: „Mama, Papa, guckt mal!"

Könnte das kleine Mädchen sich häufig mit anderen Kindern auf diesem Spielplatz tummeln, würde es sicher auch irgendwann rutschen wollen, so wie seine Spielkameraden ihm das vormachen. Wer jedoch sein Kind zum Rutschen trägt, möchte höchstens sich selbst eine Freude machen.

Zerbrochene Kreide

„Mach das wieder ganz", sagt der kleine Junge zu seinem Papa und hält ihm die zerbrochene Straßenmalkreide hin. Etwas hilflos entgegnet dieser, dass er das nicht könne. Daraufhin schreit der Fünfjährige: „Du sollst das wieder ganz machen!" Anschließend verfällt er in jenes gut bewährte Kunstheulen, mit dem er sonst immer alles durchsetzt.

Der Papa lenkt jedoch den Sohnemann mit einem Gespräch über sein „Straßengemälde" ab – ein Gestrichel, das er immer wieder über den grünen Klee lobt. Als die Mama dazu kommt, die das Heulen gehört hat, interpretiert der Papa ihr das Werk des kleinen Künstlers und beide bewundern ihn sehr.

Warum ist diese Szene, die ich während eines Spaziergangs in einer Spielstraße beobachten konnte, überhaupt der Rede wert?

Ein kleiner Junge macht ein Stück Kreide beim Malen kaputt. Das kommt vor und ist kein Drama. Offenbar ist er gewohnt, dass sein Papa stets alles in Ordnung bringt, was er kaputt macht, und so erwartet er auch diesmal wieder die obligatorische Hilfe. Er gibt seinem Vater die Verantwortung. Der müsste sie eigentlich dem Kind lassen und könnte beispielsweise sagen: „Oh, ist dir die Kreide kaputt gegangen? Schade, aber das ist nicht schlimm. Du kannst ja mit den Reststücken noch malen." Stattdessen versucht er sich dafür zu rechtfertigen, dass er zerbrochene Kreide nicht flicken kann. Um den Jungen von seiner Wut und dem unerfüllbaren Verlangen abzulenken, macht er das Bild zum Thema und lobt das Kind völlig unangemessen. Dessen Ego weiß nun: „Ich bin ein hervorragender Künstler, aber mein Vater kann nicht mal Kreide wieder heile machen."

Das „Selbstbild" des Jungen ist unrealistisch, das scheint zweifelsfrei. Woher kommt das? Es wird schon in den ersten drei Lebensjahren ganz wesentlich geprägt, vor allem durch die Reaktionen der Eltern auf Verhaltensweisen des Kindes. In den letzten ein, zwei Jahren vor der Schule erfährt es die entscheidenden Impulse nicht nur von ihnen, sondern auch von den Erzieherinnen in der Kita. Die Reaktionen der Erwachsenen werden in diesem Alter bewusster wahrgenommen als früher. Sie rufen Gefühle hervor, ob Freude oder auch Unlust, ob Angenommen-Sein oder Ablehnung.

Welche Gefühle provozieren die Eltern aus unserer kleinen Geschichte? Vermutlich Stolz auf die eigenen künstlerischen Fähigkeiten. Doch tatsächlich sind diese Fähigkeiten nicht groß, zumindest hat der Junge kein wirklich lobenswertes Straßengemälde fabriziert. Insofern leisten seine Eltern einem unrealistischen Selbstbild Vorschub. Wenn sie loben, was das Lob nicht wert ist, kann das Kind nicht lernen, seine Fähigkeiten realistisch einzuschätzen.

Es gäbe mit Sicherheit genug Situationen im Alltag, wo ein Lob angebracht wäre: „Super, du hast dir die Hände vor dem Essen gewaschen!" – „Danke, dass du mir beim Tischdecken geholfen hast; das war prima." – „Du liegst schon im Bett? Mit geputzten Zähnen? Fantastico!"

Immer wieder, wenn ich Eltern in Beratungsgesprächen danach fragte, was sie an ihrem Kind lobenswert fänden, fiel ihnen nur wenig ein. Kritikpunkte haben wir viel leichter im Kopf. Aber wenn wir üben, das Positive zu sehen, können wir mehr Lobenswertes entdecken, positive Rückmeldungen geben und ein realistischeres Selbstbild stärken.

Kinder müssen ein realistisches Selbstbild entwickeln können, um selbstbewusste Persönlichkeiten zu werden. Dazu gehört auch, dass sie die unvermeidliche Erfahrung machen, mal etwas unwiederbringlich kaputt gemacht zu haben. Die natürlichen Folgen des eigenen Handelns zu erleben, erzieht von ganz alleine zur Eigenverantwortung. Diese Chance haben die Eltern in unserer Kreide-Geschichte vertan.

Mit Kindern in der Kirche

Zwei und drei Jahre alt sind die beiden Jungs, die beim Papa in der Kirchenbank sind. Alle Männer sitzen auf der rechten Seite, die Frauen und Mädchen links. Gleich soll die Trauung beginnen. Klar, dass die Kleinen das noch nicht begreifen und unruhig sind. Die Situation ist für sie ungewöhnlich genug, zumal sie aus der Ferne zu diesem Fest nach Island angereist sind.

Eigentlich möchten die Jungs lieber bei der Mama sein. Und warum stehen da vorne Männer in dunklen Anzügen? Und was ist das für einer mit dem weißen Kleid und dem komischen Manschettenkragen?

Der Papa hat auf jedem Oberschenkel ein Kind platziert und geht mit Engelsgeduld auf die beiden ein. Er lenkt ihre Blicke auf Besonderheiten. Er erzählt ihnen von der Vermählung, die einer der Männer gleich feiern darf, wenn ihm seine Braut zugeführt worden ist. Er zählt mit ihnen die vielen Kerzen im Raum. Und er beruhigt sie immer wieder, wenn sie vor lauter Aufregung zu plärren beginnen. Während der Zeremonie dämpft ihr

Vater immer wieder ihre Lautstärke mit sanftem „pssst" und erklärt ihnen flüsternd, was alles vor sich geht.

Kleinkinder wissen noch nicht, wie „man" sich in einer Kirche benehmen muss. Und wüssten sie es, sie könnten es noch nicht. Papst Franziskus hat übrigens schon mehrfach Mütter ermuntert, ihre Kleinen bei Bedarf während des Gottesdienstes zu stillen, zuletzt bei einer Taufzeremonie in der Sixtinischen Kapelle (Meldung Domradio Köln vom 13.01.2020).

Kirchen sind ganz besondere Häuser, in denen man sich anders verhält als in Wohnungen. Es gibt Rituale wie das Bekreuzigen mit Weihwasser gleich nach dem Betreten oder das kurze stille Gebet vor dem Hinsetzen. Und ein Gottesdienst oder eine Messe sind stets ein Bündel von Ritualen: Beten, Predigt, Singen, Segen und noch mehr. Auch Erwachsene wissen in einem fremden Land und bei einer anderen Religionsgemeinschaft als der eigenen nicht immer, was jetzt als nächstes kommt. Dann muss man sich an den benachbarten Kirchenbesuchern orientieren, doch für kleine Kinder wie die beiden auf Papas Oberschenkeln ist das noch zu früh.

Trotzdem ist es schön, dass sie bei dem Traugottesdienst dabei sind. Kinder sind nun einmal Kinder, auch in der Kirche. Wenn sie klein sind, ist ihnen dieser Ort noch fremd und damit beunruhigend. Sie einfach nur ruhigzustellen ist nicht möglich. Also bezieht man sie in das Geschehen mit ein, wie jener Papa es tut. Sich den kirchlichen Ritualen entsprechend zu verhalten, still zu sein, wenn der Pastor spricht, zu beten und zu singen, wenn die Gemeinde das tun soll – das alles lernen Kinder erst nach und nach. Es ist ein Prozess des Hineinwachsens, der von den Eltern wie auch von der Gemeinde Toleranz gegenüber kindlichen Eigenarten fordert. Aber er erfordert auch bestimmtes und konsequentes Anleiten, Lenken der Aufmerksamkeit und Einfordern von Ruhe. Geduld und liebevolle Zuwendung sind die Vitamine für eine gesunde Entwicklung des Sozialverhaltens von Kindern, ob in Kirchen oder auch anderswo.

So a schöne Brezn

Ich lehne am Stehtisch neben der Bäckertheke in einem Supermarkt in der Oberpfalz. Eine Mutter steuert mit ihren zwei Kindern die Backwaren an. „I will des da!", deutet der höchstens dreijährige Junge auf eine Schokobanane und drückt sich seine Nase an der Vitrinenscheibe platt.

„Na", sagt seine Mama, „jetzt gibt's nix Süßes mehr, sonst hast nachher koanen Hunger. Vielleicht kauf' i euch zwoa schöne Brezn fürs Abendbrot?"

Der Kleine lässt aber keinen Zweifel daran, dass er jetzt sofort dieses süße Stück will. Währenddessen sondiert die Mama gelassen und mit geübtem Einkaufsblick die diversen Backwaren in den Körben an der Rückwand.

So übernimmt die vielleicht vierjährige Tochter die Erziehungsrolle. „Schau, da hinten", lenkt sie den Blick ihres Bruders auf den weit entfernten Brezelkorb, „do san so schöne Brezn."

Der Kleine schaut sie an, die ihn mit größtmöglichem Kleinmädchen-Charme anstrahlt. „Na", beharrt er, „I will des da."

Kein Zweifel: Wäre da nicht die Scheibe, er würde sofort in die Auslage fassen, die Schokobanane grapschen und sich die Süßigkeit in den Mund stopfen.

Doch seine Schwester gibt nicht auf. Ganz freundlich und mit großer Überzeugungskraft sagt sie: „Aba so a schöne Brezn, die gibt's nachher dick mit Butter."

Dabei läuft ihr schier das Wasser im Mund zusammen, und nun gibt auch der kleine Bruder nach.

Der amerikanische Psychologieprofessor Walter Mischel hatte zwischen 1968 und 1974 seine schnell berühmt gewordenenen „Marshmallow-Tests" durchgeführt. Er ließ vier- bis sechsjährige Kinder meist allein, manchmal auch zu zweit, an einem

Tisch mit einem Marshmallow sitzen. Eine Assistentin sagte dem Kind, dass sie jetzt rausgehen müsste, aber es würde ein zweites Marshmallow erhalten, wenn es auf die kleine Süßigkeit so lange verzichtete, bis sie wiederkäme. 20 Minuten lang blieben die Kinder allein in dem leeren Zimmer. Eine versteckte Kamera filmte die ganze Zeit und Wissenschaftler beobachteten die Szene durch Einwegscheiben, um alle Einzelheiten zu protokollieren. Noch heute kann man auf YouTube Kurzversionen des Experiments anschauen und bewundern, wie kreativ die Kleinen der Versuchung (mehr oder weniger) widerstanden.

Mischel notierte die Zeiten und beobachtete die Techniken, mit denen die Kinder versuchten, der kleinen schnellen Belohnung zu widerstehen. Die Sensation ergab sich jedoch erst, als er zehn bis dreizehn Jahre später veröffentlichte, was aus den Kleinen aus seinem Experiment geworden war. Dabei zeigte sich nämlich, dass die Fähigkeit zum Belohnungsaufschub im Vorschulalter in einem engeren Zusammenhang mit den späteren Schulnoten, dem Studien- und Berufserfolg sowie der Lebenszufriedenheit steht als der Intelligenzquotient.

Als ich die beiden Kinder an der Bäckertheke sehe, freue ich mich für den Jungen, dass er eine Schwester hat, die ihm zusätzlich zur Mutter hilft, seine Fähigkeit zum Bedürfnisaufschub zu entwickeln.

Kommst du mich besuchen?

Im Vorweihnachtsrummel einer großen Einkaufsstraße trifft eine Mutter mit kleinem Jungen auf ihre schon ältere Tante.
„Na, kommst du mich denn an Weihnachten besuchen?", fragt diese ihren Großneffen.
„Weiß nicht – nee", druckst der Kleine herum.
„Du bekommst auch ein Geschenk", lockt die Frau.
„Au ja, dann komme ich!", ruft der Junge fröhlich.

Wir wissen nicht, welche Erfahrungen dieser vielleicht Fünfjährige mit seiner Großtante gemacht hat. Jedenfalls hat er offensichtlich keine Lust auf einen Besuch bei ihr. Aber natürlich hat er Lust auf ein Geschenk und sagt deshalb zu.
Ob seine Großtante darüber wirklich erfreut sein kann? Er will schließlich nicht wirklich zu ihr kommen, aber er will ihr Geschenk. Welchen Wert hat sie für ihn? Offenbar nur den Wert ihres Geschenks.

Wir klagen heutzutage oft über den Werteverlust in unserer Gesellschaft. Diese Großtante und die Mutter des Jungen för-

dern, unbeabsichtigt und ohne es zu wissen, genau das. Sie verhalten sich unehrlich – und Kinder hassen Unehrlichkeit. Der Besuch ist doch längst ausgemachte Sache. Sie bringen sich unnötig in eine Zwickmühle, wenn sie den Kleinen formal vor eine Wahl stellen, die tatsächlich nicht vorhanden ist.

Immerhin braucht der Kleine nicht einmal zu schwindeln. Die Erwachsenen wollen ja gar nicht merken, dass sein Motiv für die Zusage zum Besuch nicht in der Beziehung liegt, sondern nur im Geschenk. Er muss sich also gar nicht anstrengen, um eine falsche Realität vorzugaukeln. Seine Schwindelei ist sozial angepasst. Diese Fähigkeit entwickeln Kinder mit ungefähr vier Jahren. Wenn ein Kind abends auf die Frage nach dem Zähneputzen ganz offenherzig guckt und sie bejaht, obwohl die Zahnbürste trocken ist, dann wissen seine Eltern, dass es nun reif genug ist, um zu schwindeln.

Diese Formulierung ist mit Bedacht gewählt. Vorher nämlich, in der Regel mit drei Jahren noch, haben Kinder eine absolut egozentrische Sichtweise. Sie glauben, alle anderen sähen die Welt so wie sie selbst. Aber bald darauf werden sie sich in die Gedanken ihrer Mitmenschen hineinversetzen können. Das liegt an Reifungsprozessen im Gehirn. Ein Experiment macht das deutlich: Ein Dreijähriger beobachtet gemeinsam mit einer anderen Person, dass der Versuchsleiter ein Bonbon in Schachtel A legt, während Schachtel B leer bleibt. Nachdem die andere Person den Raum verlassen hat, nimmt der Studienleiter das Bonbon aus der Schachtel A und legt sie in Schachtel B. Auf die Frage, wo die andere Person das Bonbon suchen wird, antwortet ein Dreijähriger mit B, weil er gesehen hat, dass das Bonbon dort hineingelegt wurde. Er kann sich nicht vorstellen, dass ein anderer Mensch das nicht weiß, was er gesehen hat. Mit vier Jahren jedoch tippen die Kinder auf A, weil sie jetzt verstehen, dass die Realität für die andere Person anders ist als ihre eigene.

Wenn ihre Entwicklung so weit fortgeschritten ist, können Kinder schwindeln. Aber jetzt müssen sie erst noch lernen, wann man schwindeln darf (oder sogar soll) und wann nicht. Dass man immer die Wahrheit sagen muss, ist schon als Forderung schlicht gelogen. Jeder kennt Situationen, in denen Schwindeln nicht falsch ist – um die Oma nicht zu enttäuschen beispielsweise, oder ein Weihnachtsgeschenk geheim zu halten. Der Umgang mit der Wahrheit ist kompliziert, mit dem Schwindeln allerdings auch. Deswegen sollte man den Jungen aus unserer Geschichte nicht verurteilen für seine Egozentrik.

Schließlich besticht die Großtante den Jungen mit dem Versprechen eines Geschenks und entwertet damit selbst die Beziehung zwischen ihm und ihr. „Ich freue mich schon auf deinen Besuch", hätte sie einfach zu ihm sagen können. Der Besuch als Ausdruck der verwandtschaftlichen Beziehung ist doch das Wesentliche, das Geschenk nur Nebensache. Die Freude des Zusammenseins, vielleicht bei Kakao und Plätzchen, die Wärme und Nähe, das miteinander Erzählen und Spielen – das alles hat einen hohen, unbezahlbaren Wert. Das brauchen wir nur zu leben, dann besuchen kleine Jungen und Mädchen ihre Verwandtschaft gern – ehrlich!

Vorzeigekind

„Morgen gehen wir zu Tante Anja zum Kaffee, die will dich gerne mal wiedersehen", kündigt die Mama ihrer fünfjährigen Tochter Amelie an. „Und am Sonntag kommt Oma zu Besuch, der musst du dich mal wieder zeigen. Onkel Ferdinand wird mitkommen, der freut sich auch schon auf dich."
„Warum wollen die mich denn alle sehen?", fragt Amelie verschüchtert zurück.

Amelie ist Einzelkind und der ganze Stolz ihrer Eltern. Immer ist sie modisch gekleidet. Die Erzieherin im Kindergarten hatte den Eltern sogar schon einmal empfohlen, ihr praktischere Klamotten zum Spielen anzuziehen, denn das Kind hatte sich nicht getraut, draußen im Sandkasten zu buddeln.

Wenn die Eltern mit ihr spazieren gehen, wird sie immer vorgeführt, auch jetzt noch, längst jenseits des Babyalters. Alle Freunde und Bekannten bewundern das hübsche Mädchen. Aber einfach Kind zu sein, spontan mit anderen zu spielen, zu toben, zu rennen – das kommt kaum vor. Im vergangenen Hochsommer hatte sie einmal mit ihrer Mama im Straßencafé gesessen und neidisch auf die johlende Schar derer geschaut, die sich an einem Brunnen in der Fußgängerzone lustvoll gegenseitig nassspritzten.

Mit fünf Jahren wird ihr allmählich bewusst, dass ihr Dasein als Vorzeigekind seine Schattenseiten hat, und so fragt sie: „Warum wollen die mich denn alle sehen?" Es ist ja schön, von allen bewundert und gelobt zu werden und viele Geschenke zu bekommen. Aber es bedeutet auch einen großen Druck: immer artig sein, gute Miene machen, hübsch aussehen, den Erwartungen entsprechen. Als Kind in dieser Lage muss ich so sein, wie die anderen wollen, dass ich sein soll. Ich darf nicht einfach ich und spontan sein, eigene Erfahrungen machen und mal über die Stränge schlagen.

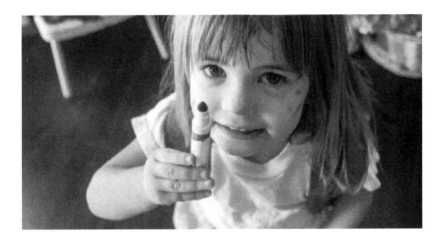

Doch mit dieser Erziehungshaltung verhindern Amelies Eltern, dass ihr Kind die Voraussetzungen für ein autonomes, selbstbestimmtes Leben entwickeln kann. Dazu gehört nämlich, seine Gefühlswelt zu kennen und zu kontrollieren, soziale Kompetenz zu entwickeln und Resilienz aufzubauen – Widerstandskraft gegen Krisen. Stattdessen hat das Mädchen lediglich gelernt zu erkennen, was andere von ihm wollen, und sich diesen Erwartungen anzupassen. Seine eigenen Wünsche und Interessen kann es nicht mit denen anderer abgleichen und unter Umständen gegen sie behaupten. Um das zu lernen, brauchen Kinder Freiheiten, Spiel, Freunde. Sie brauchen eigene Erfahrungen und Gelegenheit, sie selbst zu interpretieren. Sie brauchen auch Erwachsene, die ihnen Rückmeldung geben und sagen, was richtig oder falsch ist.

Amelie hat von all dem viel zu wenig abbekommen. Mama und Papa haben sie stattdessen als Ausweis ihrer eigenen Großartigkeit missbraucht, ohne sich dessen bewusst zu sein. Jetzt, mit fünf Jahren, spürt die Kleine ihre Fremdbestimmung und fragt nach dem Warum. Vielleicht ist es noch nicht zu spät; vielleicht schafft Amelie es, sich zur Wehr zu setzen gegen die Fremdbestimmung ihrer Eltern. Das wird Reibungen und Auseinandersetzungen zur Folge haben und das Familienklima belasten. Aber es wäre ein Zeichen für die zunehmende Selbstbestimmtheit des Mädchens. Wünschen wir ihm Erfolg!

Winterfreuden

Beim Spaziergang über die verschneiten Feldwege höre ich das Treckerknattern und Kinderjohlen schon von Weitem. Schließlich hat mich die lustige Polonaise eingeholt. Am Steuer der Zugmaschine sitzt ein fröhlich grüßender Mann. Etwa zehn Schlitten und Woks hängen in einer Zweierreihe hinten dran.

Nicht nur Kinder, sondern auch ein paar Papas sitzen auf den schlingernden Gefährten. Die Kinder necken und schubsen sich gegenseitig. Ab und zu kippt mal ein Schlitten um oder rutscht über den Wegrand ins Feld. Dann hält der Trecker kurz an, bis die Rasselbande wieder „los!" brüllt. Offensichtlich haben alle einen Heidenspaß, wenn der Schlittenzug mit gelegentlich flottem Tempo über die Piste heizt.

Ein gutes Stück weiter nutzen ganze Heerscharen von Familien geeignete Stellen des Rheinuferdeichs zum konventionellen Schlittenfahren. Auch hier sind Papas aktiv mit dabei, halten ihr Kleinkind vor sich fest oder rutschen mit den Kindern um die Wette. Ein kleiner Junge im daunengefütterten Overall lässt sich den Hang hinunterrollen und springt gleich wieder lachend und vor Vergnügen quietschend nach oben. Selbst die zahlreichen Hunde haben ihren Spaß und tollen mit durch den Schnee.

Wo Kinder und Eltern miteinander toben und lachen können, wird das Zusammengehörigkeitsgefühl gestärkt. Nichts verbindet mehr, als bei guter Laune miteinander in Aktion zu sein. Gleichzeitig ist das ein sehr gesundes Vergnügen mit Bewegung an der frischen Luft. Sich dem Kältereiz auszusetzen stärkt die Immunabwehr. Kleine Kunststücke auf dem Schlitten und „riskante" Manöver lassen das Selbstwertgefühl der Lütten wachsen. Vor allem aber erfahren die Kinder, dass es doch noch Alternativen zum stundenlangen Sitzen oder Liegen vor einem Bildschirm gibt. Und ist das Toben draußen mit anderen nicht allemal attraktiver als das Fernsehprogramm?

Rabatt auf elterlichen Alltagsstress

Kaum sind die Weihnachtstage vorbei, drängeln sich Menschenmassen in der City, um Gutscheine einzulösen oder Geschenke umzutauschen. Damit das Geschäft zu jeder Zeit besser laufe, bieten die Kaufhäuser und Ladenketten mittlerweile Rabatte über Rabatte in den verschiedensten Formen an. Coupons soll ich den Prospekten entnehmen und an der Kasse einlösen. Mit Kundenkarten soll ich Punkte sammeln, für Mindestumsatz kriege ich Gutscheine. Preisvergleiche müssen heutzutage selbstverständlich die möglichen Sammelpunkte mit einbeziehen. Sehe ich dann, dass andere Ketten ein anderes Karten- oder Rabattsystem anbieten, gerate ich ins Grübeln und Rechnen: „Habe ich jetzt gut eingekauft oder hätte ich woanders mehr gespart?" Nein - was für ein Stress!

Dabei bietet der Alltag ganz besonders für Eltern jederzeit genügend Stress – auf Konsumrummel könnte ich getrost verzichten.

- Zum Beispiel Sauberkeit: Die Werbung flüstert mir ein, mit welchen Putz- und Waschmitteln ich das absolut reine Gewissen erlangen kann. Der perfekt strahlende und bakterienfreie Haushalt gilt nicht nur als Ausweis von Tüchtigkeit, sondern auch als die richtige Umgebung für das gesunde Gedeihen des Nachwuchses. Dabei weiß doch jeder, dass Kinder und Dreck zusammengehören wie Fisch und Flossen. Aber es gibt eben nicht nur die nachbarschaftlichen Wettkämpfe um das größere Auto und die weitere Urlaubsreise, sondern auch jene um den schöneren Vorgarten oder die glänzendere Küche. Dass Eltern und Schwiegereltern den Leistungsdruck diesbezüglich ohnehin noch zu steigern vermögen, scheint Tradition zu sein.

- Zum Beispiel Erziehen: So ein Kind ist ja ein lebendiges Wesen mit eigenem Willen, Gottseidank. Na ja – *einerseits* Gottseidank, denn es soll ja selbstbewusst sein und eine starke Persönlichkeit entwickeln. Aber andererseits soll es auch sein Zimmer aufräumen, sich an Benimmregeln halten und höflich sein. Da gehören Konflikte zum Alltag. Das ist nicht immer leicht auszuhalten, denn gerade *mein* Kind scheint im Vergleich zu anderen einen besonders ausgeprägten eigenen Willen zu haben. Aber mal ehrlich: Geht es nicht (fast) allen Eltern so? Der Hinweis der Erzieherin auf irgendeine Untat des Kindes kratzt kritisch-leicht am Lack unserer „Gute-Eltern-Fassade". Auch diesbezüglich haben wir täglichen Stress; viele Eltern erleben das Verhalten ihrer Kinder als Gütemaßstab für ihre persönlichen Qualitäten.

- Zum Beispiel Termine: Habe ich keine, dann stimmt wohl etwas nicht mit mir. Alle um mich herum haben Termine, und zwar nicht nur berufliche. Vor allem als Eltern habe ich welche, denn für meine Kinder tue ich alles. Und so bringe ich sie nicht nur in den Kindergarten, sondern auch zu Judo, Ballett, Musikschule und Ergotherapie. Förderung ist wichtig und die PISA-Studie sitzt doch uns allen im Nacken! Schließlich soll mein Kind später einen guten Beruf kriegen, es soll „etwas werden".

Haben wir vergessen, dass unser Kind bereits jetzt „etwas" ist? Es ist nämlich ein voll-*wertiger*, wenn auch noch nicht voll entwickelter Mensch. Haben wir vergessen, dass auch wir viel mehr sind als die Fassade, zu deren Pflege uns Werbung und überholte Rollenvorstellungen von „guten Eltern" drängen? Haben wir vergessen, dass die Würde des Menschen, somit auch unsere eigene Würde, ganz besonders eng mit Individualität verknüpft ist?

Was soll also der Stress? Wir ersticken nicht nur nicht im Dreck, wenn die Wohnung nicht täglich auf Hochglanz poliert wird. Wir stärken sogar das Immunsystem unserer Kinder, wenn es sich mit Dreck und Bakterien herumschlagen muss. So weisen beispielsweise Kinder, die auf Bauernhöfen aufwachsen, eine geringere Neigung zu Allergien auf als andere. Desinfektionsmittel haben im Haushalt nichts zu suchen, mahnen konsequenterweise die Kinderärzte.

Und wie steht es mit dem perfekten Erziehen? „Nobody is perfect", heißt ein bekanntes geflügeltes Wort. Und Daniel Goeudevert, nicht nur ein erfolgreicher Industriemanager, sondern auch Autor von Büchern zum Bildungsthema, sagt:

> *Nichts ist schwieriger,*
> *als im Umgang mit Kindern*
> *stets oder auch nur überwiegend*
> *das Richtige zu tun.*
> *Nichts ist aber auch wichtiger,*
> *als es zu versuchen.*

Wer erzieht, kann gar nicht anders, als immer wieder Fehler zu machen. Das gehört zur Normalität des Umgehens mit Kindern. Der *Versuch*, stets bestmöglich zu erziehen, ist Pflicht – nicht weniger, aber auch nicht mehr.

Und schließlich die Terminhatz:

> *Kinder sind wie Uhren;*
> *man kann sie nicht nur aufziehen,*
> *man muss sie auch gehen lassen.*
> Jean Paul

Was uns selbst unangenehmen Druck bereitet und damit empfänglich macht für Herz-Kreislauf- und andere typische Stresskrankheiten, sollten wir nicht schon Kindern zumuten. Eine regelmäßige Aktivität pro Woche neben dem Kindergartenalltag reicht völlig. Viel hilft nicht immer viel, manchmal ist weniger einfach mehr. Kinder, die immerzu angetrieben werden, lernen nicht, sich selbst anzutreiben, entwickeln keine eigene Motivation. Die beste Förderung für Kinder besteht neben reichlichen Bewegungsmöglichkeiten im ausgiebigen Spielen mit allen Körpersinnen. Wenn dann noch in der Familie gelesen wird, wenn Eltern Hobbys und Interessen pflegen und die ihrer Kinder unterstützen, können sich ihre Anlagen optimal entfalten.

Also nehmen Sie einmal einen Rabatt auf Alltagsstress in Anspruch. Alles zu wollen und alles zu können ist ein Ding der Unmöglichkeit. Übertriebener Ehr-„Geiz" ist völlig un-„geil". Versuchen Sie, den goldenen Mittelweg zu finden – Ihren eigenen, denn er sieht für alle Eltern unterschiedlich aus.

Sollten Sie dennoch wieder in Stress geraten, dann nehmen Sie sich Ihre Schere und schneiden den angefügten Rabattcoupon aus. Einlösen können Sie ihn bei sich selbst, und das Schönste an ihm ist: Er verliert niemals seine Gültigkeit!

Prozente	*attcouponrabattcouponrabattcouponrabattc*
20 **Prozente**	**20 % auf Alltagsstress:** Konsumrummel, Shopping im Kaufhaus, Perfektionismus im Haushalt, es ständig allen Recht machen wollen, Termine, Arbeit über alles, ...

Sei dir mehr wert!
Tue das Wesentliche mit Liebe und Sorgfalt
und sorge liebevoll für dich!

Einlösbar jederzeit und überall bei dir selbst!

Bildnachweis

© istockphoto.com (S. 12, 27, 30, 37, 44, 50, 52, 53, 56, 65, 70, 75, 80, 87, 90, 92, 95, 103, 108, 126, 130, 148, 162, 169, 173, 176, 177, 181, 185, 187, 188 / wikipedia.de (S. 15, 19, 146, 149, 159) / shutterstock.com (S. 16, 41, 49, 58, 79, 121, 141, 151) / fotolia.com (S. 17, 26, 35, 40, 55, 68, 72, 73, 98, 102, 111, 123, 137, 138, 140, 145) / gettyimages.de (S. 20, 23, 31, 33, 43, 85, 89, 93, 96, 110, 116, 118, 120, 133, 134, 180) / 123rf.com (S. 21, 127, 152) / fotosearch.com (S. 24) / stock.adobe.com (S. 28, 38, 42, 64, 74, 78, 104, 112, 113, 115, 116, 119, 125, 142, 153) / kisspng.com (S. 29, 117, 180) / cleanpng.com (S. 34) / alamy.de (S. 36) / pixabay.com (S. 39, 54, 86, 99,100, 105, 127, 147, 158, 163, 164, 179) / depositphotos. com (S. 45, 101, 106, 166, 174) / dreamstime.com (S. 47, 60,63, 97, 127, 144, 172) / imago-images.de (S. 51, 69, 97) / thinkstock.com (S. 61, 76, 77, 183) / unsplash.com (S. 67) / dpa (S. 82, 83, 122) / pexels.com (S. 88, 161, 167) / tfk-buggy.com (S. 109) / akg-images.de (S. 131) / pngwing. com (S. 142, 143) / pxphere.com (S. 170) / panthermedia.net (S. 171) / Detlef Träbert (S. 193, 195)

Über den Autor

Detlef Träbert gründete nach 18 Jahren im Schuldienst den Schul-Beratungs-Service „Schubs". Der Name ist Programm: Träbert gibt Schubse, stößt an, initiiert Entwicklung und Hilfe zur Selbsthilfe, vor allem mit Vorträgen und Workshops für Eltern. Er besucht Schulen und Kitas in ganz Deutschland sowie im deutschsprachigen Ausland, um über Erziehen und Lernen, Motivation, Konzentration und AD(H)S, Hausaufgaben, Rechtschreib-Training, (Selbst-)Disziplin oder Strukturen zu informieren und ins Gespräch zu kommen. Daneben schreibt er Artikel für Zeitungen und Zeitschriften.

Internet: www.schubs.info
E-Mail: traebert@schubs.info

Weitere Bücher von Detlef Träbert im MEDU Verlag:

- Konzentration – der Schlüssel zum Schulerfolg (2020)
- Das Jahr vor dem Schulstart (2019)
- Rechtschreibtraining mit der Schubs®-Methode (2017)
- Mehr Freude am Lernen! So motivieren Sie Ihr Kind (2016)
- Aphorisiakum. Lust am Denken. Aphorismen (2013)

Außerdem bei Beltz erschienen:

- Das 1x1 des Schulerfolgs. Alles, was Eltern wissen müssen (2016)